交通工程建设与路桥养护

逢钶　高丽　李强　主编

辽宁科学技术出版社
·沈阳·

图书在版编目（CIP）数据

交通工程建设与路桥养护 / 逄钶，高丽，李强主编. —
沈阳：辽宁科学技术出版社，2023.12
ISBN 978-7-5591-3403-5

Ⅰ.①交…　Ⅱ.①逄…　②高…　③李…　Ⅲ.①交
通工程—工程施工　②公路养护　③桥梁工程—保养　Ⅳ.
①U415　②U418　③U445.7

中国国家版本馆 CIP 数据核字（2024）第 022194 号

出版发行：辽宁科学技术出版社
　　　　　（地址：沈阳市和平区十一纬路 25 号　邮编：110003）
印　刷　者：辽宁鼎籍数码科技有限公司
经　销　者：各地新华书店
幅面尺寸：170mm×240mm
印　　张：11.875
字　　数：220 千字
出版时间：2023 年 12 月第 1 版
印刷时间：2023 年 12 月第 1 次印刷
责任编辑：孙　东　修吉航
责任校对：李　莹　王玉宝

书　　号：ISBN 978-7-5591-3403-5
定　　价：68.00 元

前言 / PREFACE

交通工程建设担负着公路、桥梁、隧道、码头、船闸、航道整治等各类工程的新建、扩建、改建和维护的任务。中华人民共和国成立70多年来，尤其是改革开放的40余年间，我国交通工程建设有了飞速的发展，取得了巨大的成就，它对发展我国交通事业、繁荣社会主义市场经济发挥了极其重要的作用。

交通工程建设从所承担的固定资产再生产、扩大再生产的任务看，它涉及国民经济的各方面、各部门及各地区的各单位、各环节；从交通工程建设的全过程看，它包括了前期工作、设计、施工等三大阶段，由提出工程建议书开始，到勘测、设计、施工，直到竣工验收、交付使用的一系列工作。它既包含大量的宏观经济问题，也包含着大量的微观经济问题，需要从经营管理、生产管理、经济管理的理论方法诸方面进行深入的研究和探讨。在交通工程建设的长期实践中，我们有着十分丰富的成功经验，也有沉痛的历史教训，认真总结经验教训，开展交通工程建设管理的基本理论、基本原理和基本方法的研究，为交通工程建设提供正确的理论指导，减少实践中的盲目性与失误，是推进我国交通工程建设现代化的进程，加快交通工程建设步伐，促进交通事业大发展的迫切要求，是全面建设社会主义现代化国家的迫切需要。

我国交通网络日渐完善，越来越多的公路桥梁工程开始实施、投入运营，但由于各种原因，交通体系中部分公路桥梁却存在着严重的病害，为保障公路桥梁良好的使用效果，针对每一个路桥工程，都需做好养护和维修加固方面的工作，以通过科学的养护、有效的加固来解决路桥工程的安全隐患，延长路桥工程的使用寿命，使得路桥工程在经济社会领域发挥其作用。

由于时间较紧，写作工作量大，书中难免存在疏漏，敬请广大读者批评指正并提出宝贵意见和建议。

CONTENTS

第一章　交通工程概述

第一节　交通工程学

一、交通运输系统

（一）交通运输系统的定义

交通运输系统（Transportation System）是由铁路、道路、水路、航空和管道五种运输方式（子系统）组成的一个综合系统。各种交通运输方式均具有自身的特点，各自组成独立的系统。它们在综合系统内既发挥各自的作用，又相互补充和相互依存，通过统筹规划、合理分工、扬长避短、协调发展，以提高综合系统的运输能力，适应国民经济可持续发展的需要。

完成交通运输任务有三个必要的物质条件：

1.路线（Links）

（1）实有路线，如道路、轨道、管道、运输带、索道等。

（2）虚有路线，如航海路线、航空路线等。

2.载运工具（Means of Moving Persons and Goods）

（1）汽车、火车、轮船和飞机等。

（2）传送带、缆车、管道等。

3.枢纽站（Terminals）

枢纽站主要包括出行和运货的起、终点，转换运输方式的中间站点，载运工具的停放地点等。

（1）大型站：包括飞机场、港口、火车站、公共汽车端点站、停车设施等。

（2）小型站：包括装卸货码头、公共汽车停车站、居住区的车库等。

（3）非正式站：包括路边的停车带和装卸货区等。

（二）交通运输方式的比较

按载运工具和运输方式的不同，运输系统可分为下列五种基本类型：

1.道路运输

由汽车在城市间的公路和城市内的道路上行驶的运输系统。

2.轨道运输

由内燃机、电力或蒸汽机车牵引的列车在固定的重型或轻型钢轨上行驶的运输系统，可分为城市间的铁路运输系统及区域内和市区内的有轨运输系统两种。

3.水路运输

由船舶在内河、沿海或远洋航行的运输系统。

4.航空运输

由飞机利用空中航线飞行的运输系统。

5.管道运输

利用管道连续输送原材料的运输系统。

交通运输的五种方式之间是彼此互补和竞争的关系。当某种方式用先进技术装备时，该方式便占有较大的市场份额。各种运输方式可用三个指标来评价：

便捷程度：系统的受制约性、路线的可达性、处理交通需求的适应性。

服务水平：处理运量的能力（载运能力）和敏捷性（速度）。

成本效益：系统的生产率、直接费用与间接费用之间的关系。投资和运营是直接费用（如成本、能耗），间接费用是反映对环境的不利影响和不可定量的费用（如安全性）。

（三）交通运输工程学

随着社会的发展，人们对交通运输需求的迅速增长，公路运输、铁路运输、水路运输、航空运输和管道运输成为现代社会中交通运输的主要方式。信息、电子、材料、现代控制和环境工程等现代工程技术和高新技术又为交通运输的发展注入了新的活力，推动和促进了现代交通运输业的迅速发展。在此过程中交通运输工程（Transportation Engineering）形成了一个独立的学科门类。

美国交通工程师协会（Institute of Transportation Engineers，ITE）指出：交通运输工程学是为了能安全、迅速、舒适、方便、经济和与环境相协调地运送旅客和货物，运用现代技术和科学原理，对各种运输方式中的运输设施进行规划、功能设计、运营和管理的科学。

交通运输是国民经济的基础产业，也是一个面向全社会的服务系统，该系统将无数个产生社会活动的地点连接起来。这些地点可以是组成社会有机整体的部分，如居民点、商业中心、工矿区、农业区、旅游区等，也可以是一个地区、国家的组成部分。

（四）道路交通系统

道路交通系统是一个由人、车、路、环境（含交通控制装置）组成的整体。每个组成部分都有其独立的功能或特性，按照特定的方式有规律地运行着，由此实现安全通畅的目标。

道路交通系统的研究对象是交通流，目标是安全、通畅。道路交通的主要有以下特点。

1.系统性

所谓系统，是由相互作用和相互依赖的若干部分构成的、具有特定功能的有机整体。人、车、路、环境这几个互不相同的要素，在构成道路交通这个具有特定功能的整体时，它们之间就产生了相互依赖、相互作用的特定的不可分割的联系，因而具有系统性。

系统中任何一个要素的行为或性质的变化都不再具有独立性，都会对道路交通整体产生影响。

2.动态性

在交通活动过程中，随着时间、空间的推移和交通环境的改变，行人和驾驶员会随时产生心理和生理状态的变化；交通量、车速、交通密度等是随时都在变化的；人、车、路、环境之间的协调、配合关系也随时处于变化调整之中。这种道路交通状态随时间、空间变化的特性，说明它不仅是一个系统，而且是一个动态系统。

3.复杂性

不仅道路交通系统内部人、车、路、环境相互联系密切，它们之间的关系错综复杂，不确定因素很多，而且系统本身还受国家政策，人民生活方式、文化水平、经济条件等的影响。因此，道路系统不仅是一个动态系统，更是一个复杂的系统。

二、交通工程学的定义

交通工程学（Traffic Engineering）是随着道路工程、汽车制造、交通控制、信息采集、数据传输、自动化、智能化等有关公路交通的科学技术发展而产生的一门新兴学科。交通工程学仍在发展完善中，发展前景广阔，对提高公路和道路交通性能至关重要。

由于世界各国学者认识问题的角度、观点和研究方法不同，对交通工程学的定义也有多种提法，因此目前尚无世界公认的统一定义。

美国交通工程师协会指出：交通工程学是交通运输工程学的一个分支。它涉及规划、几何设计、交通管理、道路网、终点站、毗邻用地，以及道路交通与其他交通方式的关系。

英国学者的定义：道路工程学中研究交通运营与控制、交通规划、线形设计的那一部分称为交通工程学。

日本学者的定义：交通工程学考虑客、货运输的安全、便利与经济，综合探讨公路、城市道路及相邻链接地带的整体用地规划、几何线形设计和运营管理等问题，属于工程上的分支学科。

我国的交通工程学者认为：交通工程学是研究道路交通规律及其应用的一门技术科学。

以上几种定义，有的从学科的研究目的考虑，有的从学科的研究内容考虑，有的从学科的研究对象考虑，都具有一定的根据。但由于交通工程学是一门发展中的交叉学科，近几十年来，研究内容日趋广泛，因此，这些定义均受到当时社会与时代条件的限制，现在看来上述定义就不是那么全面、确切了。

交通工程学应是研究道路交通中各种交通现象的基本规律及其应用的

一门边缘学科，而不是原有其他学科分支的汇集和取代，具体研究内容尚在发展中，不可能也不必要完全罗列在定义中。

总之，交通工程学是以人（驾驶员、行人和乘客）为主体，以交通流为中心，以道路为基础，将这三方面的有关内容统一在交通系统环境中进行研究，综合处理道路交通中人、车、路、环境四者之间的时间和空间关系的学科。通过交通规划、设计、运营管理等方法，提高道路的通行能力和运输效率，减少交通事故，降低能源及机件损耗、公害程度与运输费用，从而达到安全、迅速、经济和低公害的目的。

三、交通工程学的产生与发展

（一）交通工程学的产生

汽车的出现，使道路交通产生了第二次飞跃，由人力和畜力的低速交通时代进入了汽车的高速交通时代。从1885年德国人卡尔·本茨制造了第一辆用内燃机作为动力的三轮汽车，到1892年奥托发明了四冲程内燃机汽油汽车，完成了汽车由实验型向实用型的转变，形成了现代汽车的雏形。1908年，美国人亨利·福特采用标准化、专业化生产方式，大大降低了汽车的成本，使汽车成为大众普及型的交通工具。

汽车运输以其机动灵活、速度高、投资少、适应性强、可达性好等优点，得到了迅速的发展。美国是汽车运输发展最快的国家。1920年，美国已有800多万辆汽车，300多万公里道路，而到1930年美国的汽车拥有量已达3000多万辆，道路400多万公里，平均每1000居民拥有180辆汽车。小汽车已成为美国人生活中不可缺少的交通工具，大城市汽车交通已相当繁忙。汽车运输的发展除了繁荣经济、方便生活外，同时也带来了交通事故、交通拥挤、车速降低、停车困难和环境污染等问题。为解决这些问题，人们开始重视对交通工程方面的研究工作。1921年，美国任命了第一位交通工程师；1926年，在哈佛大学设立了交通工程专修科。这一时期交通工程主要研究交通法规的制定、交通管理、设置交通信号灯及交通标志标线等方面的问题。随着交通需求研究的发展，1930年，美国成立了世界上第一个交通工程师协会，并正式提出了交通工程学的名称，这标志着交通工程学作为一门独立的工程技术学科的诞生。

（二）交通工程学的发展

交通工程学自20世纪30年代诞生起，经过90多年的不断研究、应用和发展，得到了充实、扩展和完善。其主要发展阶段为：

20世纪30年代，主要研究车辆到达分布特性、单点自动信号控制，通过交通管理如何使道路适应汽车行驶及如何减少交叉口阻塞。

20世纪40年代，主要研究交通调查、交通规划，并根据交通调查及远景交通量的预测进行合理交通设计，研究提高路面质量及交叉口通行能力的计算。

20世纪50年代，主要研究高速道路线形设计、通行能力计算、立体交叉设计、停车存放问题。

20世纪60年代，主要研究车流特性、城市综合调查与交通渠化、交通规划及使用计算机控制交通。

20世纪70年代，重点研究并拟定合理的交通规划，减少不必要的人流和车流，缩短行程，倡导步行，恢复并优先发展公共交通，给汽车选择最佳运行路线，从根本上改变交通组成，从而降低交通拥挤程度和交通事故，同时加强交通对环境污染的防治力度。

20世纪80年代，重点研究驾驶员交通特性、驾驶员心理和生理对公路线形设计的影响，经济发展对交通的定量需求和交通对经济发展的影响，主要干线和主要街道上自动控制系统的设置，按照交通工程学原理进行交通法规的制定、公害防治和环境保护等。

20世纪90年代至21世纪初，重点研究智能交通系统，主要服务领域包括先进的交通管理系统、先进的出行者信息系统、先进的公共交通系统、先进的车辆控制系统、营运车辆调度管理系统、电子收费系统、应急管理系统等。

世界各工业发达国家均集中大量人力、物力、财力，采用各种高、新技术，研究智能运输系统（Intelligent Transportation Systems，ITS），或称智能车路系统（Intelligent Vehicle Highway Systems，IVHS）。日本和欧洲各国在这方面起步较早，从20世纪80年代后期开始进行这方面的研究。

随着现代城市的发展，人们的活动半径越来越大。城市间的公路运输，其经济运距已延长到数百公里，可与其他运输方式相抗衡。这些都必将引起交通规划、交通方式、交通政策、交通组织管理等各方面的变革，推动交通工程的理论与实践不断地向前发展。

总之，在交通工程学发展的过程中，其研究内容正不断拓宽。随着计算机科学的普及，系统科学、信息科学、控制论等现代科学的发展，交通工程学理论必将得到进一步丰富和发展。

（三）交通工程学在我国的发展

交通工程学在我国目前的发展状况，可概括为以下几个主要方面。

1.建立学术和研究机构，培养专业人才

自中国交通工程学会成立以来，全国很多省、直辖市、自治区成立了各自的交通工程学会。交通、公安及城建部门成立了交通工程研究所（室），现在已有了一支相当有规模的专门从事交通工程研究和设计的专业队伍，独自完成了高速公路安全、监控、通信、收费系统的设计；开发研制了我国第一个实时自适应区域交通控制系统。

2.交通管理与交通控制

在城市道路和干线公路实施路面划线或隔离措施，使车辆各行其道；实施人行横道线，设置行人交通信号灯，并在大城市行人集中的地方修建人行过街天桥或地下通道。

3.交通安全设施与交通检测仪器的研制

我国研制了多种汽车、自行车流量自动检测记录装置，雷达测速仪、驾驶员职业适应性检测装置等，还设制了反光标志、标线、隔离、防炫、防撞、诱导等交通安全设施。这些仪器和设施对于提高交通管理水平和通行能力，保障交通安全，提供交通信息和舒适美观的交通环境等均起着重要的作用。

4.交通工程学基本原理在道路交通实践中的应用

（1）交通流特性常作为道路交通管理控制的具体措施和警力配置的主要依据。

（2）大城市中心区交通系统管理（Traffic Systems Management,

TSM）技术的应用。

（3）城市道路平面交叉口的系统分析与综合治理。

（4）公路增设汽车专用车道，或设慢车道，或硬化路肩，实行分道行驶的依据。

（5）实施公路标准化、规范化和环境美化的GBM工程。

5.计算机技术在交通工程中的应用

我国自行开发的交通工程计算机应用软件主要有交通模拟软件、交通调查数据处理分析系统、交通图形信息处理软件、交通工程辅助设计软件、交通规划设计软件、交通信号配时优化软件、交通事故分析软件、车辆与驾驶员档案管理系统、道路情况数据库及交通信息管理系统等。

6.新理论、新技术的研究

在进行交通工程基础理论研究的同时，我国已开始将相关学科的新理论、新技术与交通工程理论和我国交通实际相结合，以发展和完善交通工程学。例如，系统工程方法运用于交通运输、交通冲突技术的提出、交通量及交通事故的灰色预测、交通工程的系统模糊分析和决策等。另外，我国已经着手开发以专家知识、人工智能为基础的智能系统、知识工程、人机工程领域的新技术和新方法。

四、交通工程学的研究内容和学科体系

（一）交通工程学的研究内容

随着科学技术的进步和人们对交通需求的增加，交通工程学科作为交通运输学科的一个重要分支得到了迅速发展，学科的领域不断扩大，学科的内容也日趋丰富。交通工程学的主要研究内容包括以下几个方面：

1.交通特性（Traffic Characteristics）

交通工程中的人包括驾驶员、行人和乘客，人的交通特性主要研究驾驶员的视距特性、反应特性，酒精对驾驶的危害性，驾驶员的职业适应性，以及疲劳、情绪、意志、注意力等对行车的影响；行人和乘客的交通需求、心理特性和习惯等。

交通工程中的车辆包括机动车和非机动车。车辆的交通特性主要研

究车辆的几何尺寸、质量等外部特征；车辆的动力性、制动性、通过性、稳定性、机动性等运动特性；车辆保有量及其增长规律和对需求量的适应性；车辆组成对车辆运行的影响等。

交通工程中的道路包括公路、城市道路、交叉口及交通枢纽。道路的交通特性主要研究道路网的布局、结构如何适应交通的发展，道路线形如何满足安全行车的要求，道路与环境如何协调等。

交通流的交通特性主要研究交通流的三个参数——流量、速度、密度的特性及其在时间与空间环境中相互作用的关系，同时对车头时距分布、延误等进行研究。

2.交通调查（Traffic Studies）

交通调查包括交通量、交通速度、交通流密度、交通延误调查，居民、车辆出行调查，道路及交叉口的通行能力调查，交通事故及违章调查，公共交通及停车场调查，交通污染（大气污染、噪声污染）调查等。

3.交通流理论（Traffic Flow Theory）

交通流理论研究各种不同状态的交通流特性，从宏观和微观的角度研究连续车流、间断车流和混合车流的变化规律，寻求最适合交通状态的理论模型。已经较为成熟的模型有概率论、排队论、流体力学理论等。

4.道路的通行能力和服务水平（Road-Capacity and Level-of-Service）

道路的通行能力和服务水平包括城市道路、一般公路、高速公路通行能力的分析方法，交叉口（无信号控制交叉口、环形交叉口、信号控制交叉口、立体交叉口）通行能力的分析方法，公共交通线路（常规公交线、地铁、轻轨线等）通行能力及线网运输能力的分析方法，服务水平的分级及划分标准等。

5.交通规划（Transportation Planning）

交通规划包括城市交通需求、区域综合运输需求、公路交通需求的预测方法，网络交通流的动态、静态分配模型，城市道路网络、公共交通网络、公路网络的规划方法，道路交通规划的评价技术。

6.交通事故与安全（Traffic Accident and Safety）

交通事故与安全主要研究交通事故发生的统计分布规律、交通事故的各种影响因素分析、交通安全评价、安全改善及其效益分析与评价、交通事故预测及事故现场勘查等。

7.交通管理与控制（Traffic Management and Control）

交通管理与控制包括道路交通法规制定、交通系统管理策略、交通需求管理（Transportation Demand Management，TDM）策略、交通运行组织管理、交叉口交通控制、干线交通控制、区域交通控制、交通管理策略的计算机模拟及定量化评价技术等。

8.停车场及服务设施（Parking lots and Service Facilities）

停车场及服务设施研究停车需求，对停车场进行规划、设计和管理，讨论交通服务设施的布点、规模和经营等。

9.公共交通（Public Transit）

公共交通讨论各种公共交通工具的特点、适用条件及各种交通方式的相互配合，并探索新的交通方式，为居民提供方便的公共交通系统。

10.交通系统的可持续发展规划（Sustainable Development Plan for transportation system）

交通系统的可持续发展规划研究交通合理结构的规划，交通环境污染（大气污染、噪声污染、振动等）的预测、评价及预防，交通能耗的预测与评价，交通系统中其他资源消耗的预测与评价，交通系统可持续发展的保障体系等。

11.交通工程学的新理论、新方法、新技术（New Theory，methods，and Technology）

交通工程学是一门新学科，它随着科学技术的发展而发展。交通工程学的新理论、新方法、新技术主要集中在ITS方面，包括现代通信技术、计算机技术、信息技术、管理技术、控制技术在交通管理中的应用，如车辆卫星导航技术、高速公路自动收费技术、自动高速公路等都是ITS的核心内容。

（二）交通工程学的主要贡献

交通工程学研究的内容涉及道路运输和运输工程的各个方面。总结国内外研究和运用交通工程学的实践及交通工程学在发展过程中所取得的成果，可以概括为以下几点：

（1）促进道路交通综合治理方案的形成和实施，促使交通事故率下降。

（2）有效地减少和避免交通拥挤、混乱状况，提高交通运输效率和运输企业的经济效益。

（3）通过改善道路交通环境，达到既提高道路通行能力又减轻驾驶员劳动强度的效果。通过对驾驶员交通心理及生理特性的研究和运用，实现对驾驶员的科学管理，从而提高安全驾驶率。

（4）促使车辆和道路在质量和数量上协调发展，提高交通规划和公路网规划水平及道路的整体设计和施工水平。

（5）增进汽车驾驶员、乘客、行人、骑自行车者等道路使用者的安全感和舒适感，减少道路运输中的货物损失。

（6）减少空气污染、交通噪声等交通公害。

（7）提高各项交通工作（含车辆运行管理、公路运输行业和企业管理）的管理水平、服务水平和法制教育水平等。

（三）交通工程学的相关学科

交通工程学研究的内容非常广泛，几乎涉及道路交通系统的各个方面。就交通工程学这门学科的体系而言，其基础理论涉及到交通流理论、交通统计学、交通心理学、汽车动力学、交通经济学。与交通工程密切相关的主要学科有汽车工程、运输工程、人体工程、道路工程、交通规划学、环境工程、自动控制、应用数学、电子计算机等。因此，交通工程学是一门多种学科相互渗透的新兴边缘学科。

第二节　交通要素特性

一、人的交通特性

（一）驾驶员的交通特性

道路交通系统中的人包括（机动车和非机动车）驾驶员、乘客和行人，他们都是道路的使用者。其中，机动车驾驶员交通特性（Critical

Characteristics of Driver）是研究的主要对象。道路交通系统中的各种要素都是围绕着这个"特殊的"要素进行设计和运作的。随着科学技术的发展，学科的交叉渗透，以及对交通系统中这一最复杂因素的深入研究，改变了交通工程纯技术学科的性质。

1.驾驶员的任务（Driver Tasks）

驾驶员是道路交通系统中"会思考"的部分，其主要任务：

（1）沿着选定的路线驾驶车辆，完成从起点到终点的运输过程，以实现人员和货物在空间上的转移。

（2）遵守交通法规，正确理解信号、标志、标线的含义，服从交通警察的指挥，自觉维护交通秩序以保证交通的安全和通畅。

（3）遇到不利情况及时调整车速或改变车辆的位置和方向，甚至停车，以避免交通事故的发生。

以上三项任务中，后两项任务决定着车辆运行的可靠性和安全程度。

2.驾驶员的信息处理过程（The Process of Information Disposal）

人的感觉器官可以接收各种各样的刺激，如驾驶员的眼睛可以看见车内的仪表，车外的道路、车辆、行人、交通信号和标志，耳朵可以听见发动机和扬声器的声音，鼻子可以闻到异常气味，手脚可以感觉到振动等。所有这些可以被人直接或间接感知到的各种刺激，就是这里所说的驾驶员的信息。

车辆在行驶过程中，驾驶员通过视、听、触觉器官从交通环境中获取信息，经过大脑进行处理，做出判断和反应，再支配手脚（运动器官）操纵汽车，使其按驾驶员的意志在道路上行进，这就是信息处理过程。在这一过程中，驾驶员要受到自身一系列生理、心理因素的制约和外部条件的影响，如果在信息的采集、判断和处理的任何一个环节上发生差错，都会危及交通的安全和通畅。因此，有必要对信息处理和各个环节（阶段），以及它们之间的联系做简要的介绍。

（1）信息感知阶段（The Phrase of Information Perception）

信息感知阶段也就是收集并理解信息的阶段。所谓感知就是感觉器官获取的信息在头脑中的反应。其具体过程：信息先由感觉器官接收，再经传入神经传到大脑皮层，产生相应的映像。一般来说，这一过程的速度是极快的。如果因某种原因使这一过程变慢，就会造成感知迟缓；如果在大脑中产生的映像出现错误，就会造成感知错误。由于感知方面的原因造成的事故约占驾驶员责任事故的一半以上。在信息感知阶段，最重要的是要敏捷而准确。

发生感知迟缓或感知错误的原因，除了刺激方面的原因（如有些信息过于突然、过于隐蔽、刺激强度过于微弱等）以外，主要是驾驶员心理和生理方面的原因。心理方面的原因主要是注意力不集中、注意的范围过小、注意力转移和分配能力差等。生理方面的原因主要是感觉器官和大脑机能不健全或不正常，如有视觉障碍（色盲、近视）、酒精中毒、驾驶疲劳等。这两方面的原因都会造成感官和大脑迟钝，使感知缓慢甚至错误。尤其酒后感知能力比正常时明显降低，此时驾车极易造成重大事故，所以要绝对禁止酒后开车。

（2）分析判断阶段（The Phrase of Anaiysis and Judgement）

信息被感知以后，驾驶员把感知到的情况与自己的知识经验进行对照、分析，判断出道路的宽窄、软硬，前后车的速度、意图，行人的年龄、动向等，并根据自驾车辆的技术情况、本人的健康状况及心理机能等，决定采取相应的措施。这些判断项目中，任何一项判断不准，都容易导致行车事故。

在驾驶员的判断中，对距离的判断非常重要。在驾驶过程中，经常进行超车、会车。会车时要判断两车侧向间隙的大小，超车时要判断前车的车速、本车与前车的距离。当对面有来车时，还要判断与对面来车的距离及来车的车速等。如果低估了车速和距离，就会给行车安全带来危险。

（3）操作反应阶段（The Phrase of Operation and Reaction）

驾驶员处理信息的最后阶段，是肢体的操作反应阶段，即手脚按大脑决策后的指令进行具体操作，并产生效果。尽管由于操作错误造成的事故不多，但常常是一些比较严重的事故。

因此，要求驾驶员的操作技能必须熟练，以保证在紧急情况下不致出现失误。

以上介绍了驾驶员信息处理过程的各个阶段。在实际驾驶过程中，感知、判断、操作是有机地结合在一起的。感知是判断的前提，为判断提供材料，是分析判断的源泉。分析判断又为操作反应提供指令。操作是感知、判断的结果，同时操作的结果又反馈到感觉器官，对操作进行修正、调整。如果没有这一反馈，就不知道操作的结果，好像蒙上眼睛转动亏向盘，不知道角度转了多少一样，难以保证动作的准确性。感知、判断、操作三位一体，构成了驾驶员的信息处理过程，其中任何一项错误，都将导致整个信息处理过程的失败。这一信息处理过程通过反馈，进行循环往复。所以，整个驾驶过程实质上就是不断地进行信息处理的循环过程。

3.视觉特性（Visual Characteristics）

在行车过程中，驾驶员需要及时感知各种交通信息。根据统计分析，各种感觉器官给驾驶员提供交通信息的比例如下：视觉80%、听觉10%、触觉4%、味觉4%、嗅觉2%。可见，视觉是驾驶员信息输入最重要的感觉器官。因此，对视觉机能的考核和研究是驾驶员特性研究的重要内容。

人的眼睛注视目标时，由目标反射来的信息经过晶状体的折射，投射到眼睛的黄斑中心凹，形成物像，再由视神经经过视路传至大脑的枕叶视中枢，形成视觉。也就是说，所谓视觉，就是外界光线经过刺激视觉器官在大脑中所引起的生理反应。视觉在辨别外界物体的明暗、颜色、形状等物理特性，以及区分物体的大小、远近等空间属性上都起着重要的作用。

（1）视力（Eyesight）

视力就是眼睛分辨两物点之间最小距离的能力。根据眼睛所处的状态和时间不同，又有静视力、动视力和夜间视力之分。

①静视力

静视力是站在视力表前5 m处，依次辨认视标测定的视力，视力共分12级。我国驾驶员的体检视力标准如下：申请大型客车、牵引车、城市公交车、中型客车、大型货车、无轨电车或有轨电车准驾车型的，两眼裸视力或矫正视力达到对数视力表5.0以上；申请其他准驾车型的，两眼裸视力或矫正视力达到对数视力表4.9以上；无红绿色盲。

②动视力

动视力是处在运动中观察物体的视力。动视力与汽车行驶的速度有关，随着车速的提高，视力明显下降。此外，动视力还随着驾驶员年龄的不同而有所差异，年龄越大，动视力下降的幅度越大。

③夜间视力

夜间视力受光照度、背景亮度等诸多因素的影响。若光照度增加，则视力增加，光照度在0.1~1000 lx范围内时，光照度与视力近乎呈直线关系。黄昏时间对驾驶员行车最为不利，原因是在黄昏时刻，前灯的照度正与周围景物的光亮度相近，难以看清周围的车辆和行人，容易发生事故。

（2）视觉适应（Ocular Adaptability）

视觉适应是视觉器官对于光亮程度突然变化而引起的感受性适应过程。由明亮处进入黑暗处，眼睛习惯后，视力恢复，称为暗适应；由黑暗处到明亮处，眼睛习惯后，视力恢复，称为明适应。暗适应时间较长，通常要3~6 min才能基本适应，30~40 min才能完全适应，而明适应则可在1 min内达到完全适应。

一般由隧道外进入没有照明条件的隧道内，约发生10 s的视觉障碍；夜晚在城区和郊区交界处，由于照明条件的改变也会使驾驶员产生视觉障碍，从而影响行车安全。设置照明设施时应予以考虑。

此外，黄昏时路面的明亮度急速降低（特别是秋天的黄昏），但天空还较明亮，视觉的暗适应较困难，而此时正值驾驶员和行人都感到疲劳的时候，事故发生率较高，应从多方面予以重视。对于不同年龄的驾驶员来说，暗适应能力也有明显不同，研究结果表明，20~30岁暗适应能力是不断提高的，40岁以后开始逐渐下降，60岁时暗适应能力仅为20岁人的1/8。了解驾驶员暗适应的变化特点，对预防交通事故的发生是十分必要的。

（3）炫目（Dazzle）

视野内有强光照射，颜色不均匀，使人的眼睛产生不舒适感，形成视觉障碍，这就是炫目。夜间行车，来车的前灯强光照射最易使驾驶员产生炫目现象。这种现象有连续与间断之分。夜间行车多半是间断性的炫目。当受到对向车灯强烈照射时，不禁要闭目或移开视线，这种现象称为生理性炫目。若由于路灯照明反射所产生的眩光使驾驶员有不愉快的感觉，这种现象为心理性炫目。炫目是由眩光产生的。眩光会使人的视力下降，下降的程度取决于光源的强度、视线与影响光之间的夹角、光源周围的亮度、眼的适应性等多种因素。

强光照射中断以后，视力从眩光影响中恢复过来需要的时间，从亮处到暗处约需6 s，从暗处到亮处约需3 s，视力恢复时间的长短与刺激的亮度、持续时间、受刺激人的年龄有关。

为了避免眩光影响，可采取交通工程措施，如改善道路照明，设道路中央分隔带并种植树木遮蔽迎面来车的灯光，前灯用偏振玻璃做灯罩，使用双光束前照灯，戴防炫目眼镜，驾驶员内服药物等。

与眩光有关的另一种现象是消失现象，即当某一物体（如行人）因同时受到对向车的车灯照射，而在某一相对距离内完全看不清该物，呈消失状态。一般对于站在路中心线的行人，当双向车距行人约50 m时，呈现消失现象，将辨认不出行人。为此在夜间横过马路时，站在中心处是很危险的。

（4）立体视觉（Three-Dimensional Vision）

立体视觉是人对三维空间各种物体远近、前后、高低、深浅和凸凹的一种感知能力。现代视差信息理论认为，双眼注视景物时，会在视网膜上产生视差，这是深度知觉的基础。当深度信息传到大脑枕区再经加工处理后，便产生了深度立体感知。这种把两眼视差所产生的二维物像融合为一个单一完整的具有三维立体感的三维物像的能力称为双眼视觉。立体视觉的生理基础是双眼视觉功能必须正常，立体盲患者在视差的传递或中枢信息处理时会发生断路或紊乱，从而导致对深度距离的判断不准或反应迟钝。

立体视觉良好是安全行车的重要条件。美国等一些工业发达国家早已把立体视觉列入选择汽车驾驶员的必查项目。而我国选用汽车驾驶员时，不进行立体视觉的测试，以致造成了一些不应有的交通事故隐患。

（5）视野（Field of Vision）

在静止状态下，头部不动两眼注视前方时，眼睛两侧可以看到的范围称为静视野。头部不动，但眼球可以转动时，所能看见的范围称为动视野。静视野和动视野可以用角度来衡量。通常，正常人双眼同时注视一个目标时，视野有120°左右是重叠的，双眼视野比单眼视野的范围大。正常人的视野每只眼睛上下（垂直视野）达135°~140°，左右（水平视野）达150°~160°;两眼视野约为180°，动视野比静视野大，左右约宽15°，上方约宽10°,下方无明显变化。人眼的视野可用视野计进行测定，如果驾驶员的双眼视野过小，则不利于行车安全。

驾驶员的视野与行车速度有密切的关系。当汽车行驶时，视野的深度、宽度，视野内的画面都在不断变化，驾驶员就是根据视野的内容操控车辆的。随着汽车行驶速度的提高，注视点前移，视野变窄，周界感减少。

行车速度越高，驾驶员越注视远方，视野越窄，注意力越集中于景象的中心而置两侧于不顾，结果形成所谓的"山洞视"，容易引起驾驶员产生疲劳、瞌睡。因此，在设计道路时，应在平面线形中限制道路直线段的长度，强制地促使驾驶员变换注视点的方向，避免打盹肇事。

汽车静止时有视野死角。汽车在行驶过程中，也会存在视野死角。当驾驶员驾驶汽车高速行驶时，会感到车外的树木、房屋及固定物不断向后移动。越近的物体移动的速度越快，近到一定限度时物体无法辨认。这是因为这些物体的映像在人眼视网膜上停留的时间太短，人眼来不及仔细分辨物体的细节。因此，路侧交通标志的设置应与驾驶员有一定的距离。根据实验，当车速为64 km/h时，能看清车辆两侧24 m以外的物体；当车速为90 km/h时，仅能看清33 m以外的物体，小于这个距离的物体无法辨认。

驾驶员随着年龄的增大，周边视力减退，识别能力下降，视野变窄。戴眼镜的驾驶员的视野也略窄些。与视野有关的特性是视野独立性和视野依赖性。视野独立性是指人们感知目标时，不受目标所处的环境影响；视觉依赖性是指人们感知目标时，受目标所处环境和位置的影响。有些驾驶员对物体的感知属视野独立型，有些则属视野依赖型。已有多项研究证明，视野依赖型驾驶员的肇事率明显高于视野独立型驾驶员。他们之所以发生较多的事故，是因为开车时易受无关信息的影响，而不能很快地发觉正在出现的危险情况，对隐现的交通标志（这些标志周围有许多其他信息）的辨认较慢。用眼动摄像仪测定表明，越是视野依赖型的驾驶员，他们注视目标的时间越长，说明他们需要更多时间来提取有用信息。有人认为通过训练，视野依赖型的人可转变成为视野独立型的人，但尚无有力证据说明这一点是可行的。

（6）色视觉（Color Vision）

色视觉在可见光波长范围内，不同波长的感觉阈值不同。可见光的波长为400～760 nm，可见的颜色是从波长短的紫色到波长长的红色之间的颜色。

颜色有三个属性：色相、明度、彩度。

色相反应各种具体色彩面貌的属性。色相取决于物体反射光的波长，是物体颜色在质方面的特性。红、黄、蓝为彩色的基本色。

明度指彩色的明暗程度。就视觉反应而言，可将明度理解为反射光引起视觉刺激的程度，如浅红、深红、暗红、灰红等明度变化。

彩度指彩色的纯度。当一种颜色的色素含量达到极限时，正好发挥其色彩的固有特色，即该色相的标准色。

不同的颜色对驾驶员产生不同的心理作用，如红色显近，青色显远；明亮度高的物体视之似大，显轻；明亮度低者，视之似小，显重等。

我国交通标志使用六种颜色：红、黄、蓝、绿、黑、白。红色波长最长，传播最远，使人产生"火"和"血"的联想，对人的视觉和心理有一种危险警示和强烈刺激，多用于禁令标志。黄色给人以明亮和警戒的感觉，用于注意危险的警告类标志。蓝色和绿色使人产生宁静和平与舒适的感觉，多用于指示、指路标志。夜间人眼的识别能力降低，对白色的识别能力最好，对黑色的识别能力最差。

（7）视差（Parallex）

视差（错觉）是对外界事物的不正确的知觉。错觉可能是生理和心理原因引起的。当前的知觉与过去的经验相矛盾，或思维推理上的错误，都是造成错觉的原因。

在改建道路时，往往将路幅宽度一分为二，一半进行改建，一半留着通车，可是坐在车上，人们总觉得翻修的那半宽一些，维持行车的这半窄一些。驾驶员行经凹形路段时，位于下坡段看对面的上坡段，容易产生错觉，把上坡段的坡度看得比实际坡度大。在下坡路段上行车，驾驶员觉察不出自己是在下坡。

有一些错觉会重复出现，不易克服；还有一些错觉经过实践活动，可以慢慢改正，不再形成错觉。无论能否克服，驾驶员都应知道有这种客观现象存在，观察中应注意避免，错觉的产生常常会造成交通事故。人们可以从错觉产生的起因出发，变不利为有利，利用错觉为提高道路交通安全服务。

高速行车时，多数驾驶员除反应迟缓之外，对自己车辆速度的判断比实际车速要低，如从高等级公路驶入一般公路的环形交叉口前，往往减速不足，容易发生交通事故；若在进入环形交叉口前400 m内，在环形交叉口的路面涂上由疏到密间隔不等的黄色横线，距环形交叉口越近横线间隔越小，则当驾驶员看到这些黄线后，首先产生警觉刺激随后降低车速，并适应路面标线在弯道前100 m的路面上涂V形标线，在弯道上使V形标线的夹角逐渐减小，使驾驶员行车时有道路变窄的错觉，从而降低车速。

人行横道15 m范围内画上波形折线，可以提醒驾驶员减速，保证行人安全。

4.反应特性（Reaction Characteristics）

反应特性是驾驶员重要的特性之一。

从实验心理学的定义来分析，反应特性的含义是从表露于外的事物引起反应到开始动作所需的时间，它不是反应的延续时间，而是从刺激到反应动作之间的时距。反应时间又称反应潜伏期，包括感觉器官感知的时间、大脑加工的时间、神经传导的时间，以及肌肉反应的时间。

就驾驶车辆而言，对一个特定刺激产生感知并对它做出反应，应包括以下四个性质截然不同的心理活动。

（1）感知

对需要做出反应的刺激的再认识和了解。

（2）识别

对刺激的辨别和解释。

（3）判断

对刺激做出反应的决策。

（4）反应

由决策引起的肢体反应。

这一系列连续活动所用的总时间称为感知反应时间，它实际上是信息处理过程的灵敏程度。

在实验室里将反应时间分为简单反应时间与复杂反应时间。前者是以预先知道可能要出现的信号为条件（如红灯一亮就按电钮），视觉刺激为

0.25 ~ 0.3 s，听觉刺激为0.2 s，触觉刺激为0.2 s，时间都比较短。后者是从几种刺激中选择出一种刺激做出反应（如在红、黄、绿三色灯中，当红灯亮时按电钮，其他灯亮时不按），条件越复杂，反应时间越长，刺激的数目越多，反应时间也越长。

对于制动反应时间，实验室里的假定是，确认危险（反射时间）约0.4 s，将脚从加速踏板移到制动踏板约0.2 s，脚接触到制动踏板和将踏板踩下约0.1 s，共计0.7 s。实际的情况是，外界刺激进入眼中，眼睛转动需要时间，人的思维判断是否危险也需要时间。这些活动的必要时间，随着条件不同而有所不同。

5.疲劳与饮酒（Tiredness and Drinking）

（1）疲劳的原因和种类

驾驶员在连续驾驶车辆后，产生生理、心理机能下降和驾驶员操作效能下降的现象称为驾驶疲劳。

驾驶员长时间坐在固定的座位上，要从复杂的环境中不断获取交通信息并迅速处理，这种紧张状况时刻都在增加驾驶员的心理负担。驾驶工作具体连续性，且在行车中常常因遇到交通阻塞或红灯信号而停车，以致驾驶员心情烦躁，加重其心理负担，因而容易疲劳。另外在一些景物单调的道路上长距离行车，也易产生疲劳。

驾驶疲劳的原因可以从驾驶员本身和驾驶的客观条件中寻找。

疲劳不是病态，而是一种正常的生理状态。多数专家认为：一般性疲劳，休息一天便可解除，驾驶员的体力和工作能力可以完全复原。过度疲劳则由多次疲劳的影响积聚而成，可能突然以某种病态表现出来。如果说疲劳是劳动过程中的产物，那么过度疲劳则是疲劳得不到休息补偿的结果。

疲劳一般可以分为身体疲劳和精神疲劳两种。前者由于体力劳动所致，表现在身体方面；后者由于脑力劳动所致，表现在精神方面。因为汽车驾驶作业是脑力劳动与体力劳动的结合，所以驾驶员的疲劳是这两种疲劳的综合体现。

从疲劳恢复的时间来看，可以把疲劳分为一次性疲劳、积蓄疲劳和慢性疲劳。一次性疲劳是经过短期的休息，如睡一觉就可以恢复的疲劳。这是一种日常劳动所引起的疲劳，正常驾驶疲劳就是属于这一种。积蓄疲劳不能用短时间的睡眠来恢复，其是长时间积累起来的疲劳。要恢复这种疲劳必须长时间修养和保持十分充足的睡眠。否则，这种积蓄疲劳会发展成为慢性疲劳。慢性疲劳是一种病态疲劳，一般来说是由于长时期处于疲劳状态而引起的，这种疲劳使劳动质量下降，影响身心健康。积蓄疲劳严重者和慢性疲劳者相似，都不宜驾驶车辆。

（2）疲劳对安全行车的影响

疲劳会使驾驶员的驾驶机能失调、下降，对安全行车带来不利的影响。

①反应时间显著增长

工作一天以后，不同年龄的驾驶员，对红色信号的反应时间都增长了。

驾驶员疲劳后对复杂刺激（同时给红色和声音的刺激）的反应时间也增长了，有的甚至增长2倍以上。

②操作能力下降

疲劳之后，动作准确性下降，甚至发生反常的反应（对于较强的刺激出现弱反应，对于较弱的刺激出现强反应）。另外，动作的协调性也受到破坏，以致反应不及时，如有的动作过分急促，有的动作过分迟缓。有时，驾驶员做出的动作并没有错误，但时机存在偏差。这种情况在制动、转向方面表现得最为明显。

③判断失误增多

疲劳以后，出现判断错误和驾驶错误均比平时多。判断错误多为对道路的通畅情况、潜在事故的可能性及应付方法考虑不周到，降雨时速度不当等。驾驶错误多为掌握转向盘、制动、换挡不当。严重者可能发生手足发抖、脚步不稳、动作失调、肌肉痉挛，对驾驶产生严重影响。

因为疲劳的过程是渐进的，所以上述驾驶机能也是逐步下降的。

（3）饮酒对行车安全的影响

饮酒后不宜驾驶车辆。酒的主要成分是酒精（化学名称为乙醇），酒的烈性程度是指所含酒精浓度的大小。人饮酒后，酒精被胃肠黏膜迅速吸收，溶解于血液中，通过血液循环流遍全身，渗透到各组织内部。由于酒精与水有融合性，因此体内含水量高的组织和器官，如大脑和肝脏等，酒精含量也高。

酒精具有麻醉作用。它作用于高级神经中枢，最初使人有些轻松，减弱了对运动神经的约束，四肢活动敏捷。随着脑与其他神经组织内酒精浓度的增高，中枢神经活动逐渐迟钝，先使人的判断力发生障碍，而后四肢活动也变得迟缓。

由于饮酒对精神和心理的影响比身体的影响更大，其表现：①情绪不稳定；②理性被麻痹，对各种事物的注意力下降；③意识面变窄；④信息处理能力下降，影响其选择面；⑤预测的正确度和自制能力下降；⑥危机感被麻痹，脾气变大，喜欢超速和超车等，安全程度显著变坏；⑦记忆力下降等。

饮酒能对人的生理和心理产生上述影响，因此饮酒后驾驶员的驾驶机能会不同程度地下降。实验证明，体内酒精浓度为8%时，驾驶能力有所下降；浓度为10%，下降15%；浓度为15%时，下降39%。

6.注意（Attention）

注意是心理活动对一定事物的指向和集中。由于这种指向和集中，人才能清晰地感知周围现实中的特定事物，而忽略其他不相关的事物。例如，驾驶员在行车过程中只盯着与行车安全有关的车辆、行人、信号及路面状况等。这些集中注意的对象便是注意的中心。注意是心理活动的一种积极状态，使心理活动具有一定的方向。该心理过程是感觉、知觉、思维等心理过程的综合，是比较复杂的，人在注意的时候，也在感知、记忆、思考。例如，有的驾驶员对自己经常行驶的路线特别熟悉，对在不同路段采取驾驶操作已了然于心，保证了多年行车无事故，这就是长期注意的结果。

人的注意可分为无意注意和有意注意。一般情况下，人在注意某一事物的时候是随意的，既无自觉的注意也未加任何努力，这种注意是无意注意。例如，驾驶员在行车过程中，突然听到汽笛声所引起的注意，即属于此类。有意注意是自觉的，有预定目的的注意。例如，报考驾驶员考试的人，在考试前要注意阅读和记忆车辆结构及性能的有关知识。有意注意往往需要一定的努力，人要积极主动地去观察某种事物或完成某种任务。

引起有意注意的事物并不一定是强烈而富有刺激性的。有意注意是人所特有的一种心理现象，是由于所承担的任务而确定的对某些事物的指向和集中。

注意的稳定性是指注意长时间地保持在感受某种事物或从事某种活动上。注意的集中是间歇地加强和减弱的，不能长时间保持固定状态，这种周期性的变化是注意的一种基本规律，称为注意的起伏现象。注意的稳定性的好坏与人的主体状态有关，当身体健康、精力充沛时，注意的稳定性好，反之注意的稳定性差。注意的分散与注意的稳定性相反，是由其他刺激物的干扰或由单调的刺激引起的。例如，长时间在高速公路上行车的驾驶员看到幻影，就是由于单调环境所引起的注意分散。

在同时进行两种或多种活动时，把注意指向不同的对象，称为注意的分配。例如，驾驶员在行车过程中既要注意前方路面的情况，又要转动转向盘等。注意转移是根据新的任务主动地把注意从一个对象转移到另一个对象，每一次注意转移都必然带来注意的重新分配，使原来的注意中心及注意图景发生变化，呈现新的注意分配情况。例如，汽车驾驶员在行车中，注意前方的交通状况，当发现路侧有标志时，就会立刻把注意转移到交通标志上，辨认标志内容。若是限速标志，则立即把注意转移到调整车速的驾驶操作上。注意转移和分配能力，对于驾驶员行车是尤为重要的。

7.动态判断（Dynamic Judgement）

动态条件下对距离和速度的判断，随经验增加而逐渐提高。正确估计超车的距离、被超车的速度和对面来车速度，可提高超车效率。时间和距离判断对驾驶汽车很重要。为了防止撞到前方车上，尾随车的驾驶员应正确估计两车之间的距离和前方车速度的变化。

判断距离的能力使驾驶员可以正确估计道路宽度、超车距离、选择可插间隙等。空间知觉在很大程度上取决于驾驶员的经验。新驾驶员通过狭窄的通道或门时，会怀疑自己的汽车不能通过。一些有经验的驾驶员，当由驾驶小汽车换为驾驶公共汽车或大型货车时，开始也会遇到同样情况。经过一段时间以后，他们才能达到以前判断距离的能力。

一般有经验的驾驶员不看速度表，即能相当准确地判断汽车的速度。但是，持续高速度行车之后，驾驶员对速度的适时降低会估计不足。例如，在从城外干道驶入城市入口的道路上，很多驾驶员不能及时根据变化了的交通条件改变速度，从而造成交通事故。

周围条件对判断速度也有影响。例如，有经验的驾驶员在四车道的道路上行车，车速为100~110 km/h，其感受却与在路边有树的双车道道路上行车，车速为60~70 km/h时的感觉相同。

对运动速度和方向的判断是动态目测的基本功。动态目测可以帮助驾驶员正确估计驶向交叉口的其他汽车的行进速度、距交叉口的距离。基于这种估计，驾驶员或让横向车通过，或为自己优先安全地通过交叉口选择正确速度。

8.驾驶员的差异（Difference among Drivers）

在拟定道路设计标准、汽车结构尺寸时，以及在对事故进行分析并采取安全措施时，要考虑驾驶员的各种特点，如性别、年龄、气质、知识水平、驾驶技术熟练程度、精神状态等。

设计取值一般以满足85%驾驶员的需要为度，并对其余15%驾驶员的变化予以适当考虑。

下面简单叙述驾驶员的几点差异：

（1）性别差异

一般而言，男性为外倾型（心理活动表现在外向、开朗、活跃、善交际、积极、富有正义感和意志决定能力），女性为内倾型（深沉、文静、反应迟缓、顺应困难、直观、情绪不定）。具体表现：

①开车时男驾驶员强行超车，东张西望，女驾驶员这种现象较少。②男驾驶员对超速行车往往采取不在乎的态度，女驾驶员则很慎重。③连续行车时间较短时女性的肇事率低，若时间较长则相反。④遇到紧急情况时，差别更大。例如，在遇到正面冲撞之前的一刹那，多数男性想方设法摆脱，而女驾驶员则陷入恐慌，手脚失措。⑤从驾驶形态看，女性在超速车道上用低速，充分表现出本位性，一旦发生事故，又以为对方可给予某种协助，表现为依赖型。⑥男驾驶员反应时间短，女驾驶员反应时间长。⑦达到领驾驶证标准的时间，女性驾驶员比男性长26%。⑧女驾驶员的身高、体重、坐高均不如男驾驶员。

由于驾驶员在性别上的差异，在管理中就应注意男、女驾驶员的心理、生理特点；培训驾驶员时，应适当延长女学员训练时间；在安排任务时，让女驾驶员操纵轻便车。这样，有利于交通运输，保证交通安全。

（2）年龄差异

违章、超速、冒险行车者青年居多。老年人对交通标志、弯道、障碍判断不清，反应迟钝、易肇事。因此，对青年驾驶员应加强教育，对老年驾驶员不应安排夜间行车，中年驾驶员的驾驶效果比较好。

（3）气质差异

气质是人典型的稳定的心理特点，表现在各种各样活动中因人而异的心理活动的行动力上，不以活动的内容、目的和动机为转移。

古希腊著名医生希波克拉底观察到不同人有不同的气质。他认为人体内有四种体液：血液、黏液、黄胆汁和黑胆汁，机体的状态决定于四种体液的混合比例，分别由某种体液占优势而产生四种气质。

多血质（血液占优势）：其特征是活泼、好动、敏感、反应迅速、喜欢与人交往、注意力容易转移、兴趣容易变换等。

胆汁质（黄胆汁占优势）：其特征是直率、热情、精力旺盛、情绪易于冲动、心境变换剧烈等。

黏液质（黏液质占优势）：其特征是安静、稳重、反应缓慢，沉默寡言、情绪不易外露、注意稳定且难以转移、善于忍耐等。

抑郁质（黑胆汁占优势）：其特征是孤僻、行动迟缓、体验深刻、善于察觉别人不易察觉到的细小事物等。

了解人的气质对丁安全教育、驾驶员培训、组织交通运输业务都有重要意义。例如，针对多血质驾驶员的特点，着重进行踏实、专一、不开快车等方面的教育；针对胆汁质驾驶员，注意进行耐力、细心方面的教育，但对其缺点、错误不要当众批评，不要用"激将"法；针对黏液质驾驶员，多给予指导，注意培养机动灵活的思维方式；针对抑郁质驾驶员，要多鼓励，培养自信心。总之，只有针对不同的特点进行工作，才能收到良好的效果。

9.外界因素对驾驶员的影响（Influencing Factors）

驾驶员的上述有关交通特性除受自身生理、心理素质，婚姻状况，精神状态等条件的影响外，还受道路条件、车辆状况、交通环境等外界因素的影响。现简要叙述如下：

（1）道路线形设计欠妥，可能使视线失去诱导，使驾驶员产生错觉，增加驾驶员的心理紧张程度和驾驶疲劳。

（2）车辆的结构尺寸、仪表位置、操纵系统、安全设备等都对驾驶有影响。

（3）环境的影响：交通标志的布设会约束驾驶员的行为；道路周围若有吸引人注意的干扰点，驾驶员的注意会分散；若沿途播放轻音乐，可加快车速；路上行人过多，会增加驾驶员的心理紧张程度等。

10.驾驶员应具备的职业特点

综上所述，汽车驾驶员应具备下述职业特点：身体健康，能应对各种突发情况，对眩光不敏感，有判断速度、距离的能力，对方向盘和踏板能施加不同的力，能辨别不同颜色，准确行车，技术机敏，对他人态度和蔼，遵守交通法规等。

（二）行人的交通特性

行人的交通特性（Pedestrian Characteristics）表现在行人的速度、对个人空间的要求、步行注意力等方面。其与行人的年龄、性别、出行目的、文化素养、心境、体制等因素有关，也与行人生活的区域、周围环境、街景、交通状况等有关。

（三）乘客的交通特性

乘客交通特性（Passenger Characteristics）的共同要求是安全、迅速、舒适。因此，线形设计、交通工具配备、交通设施布设都应考虑这些要求。

当汽车在曲线上行驶，横向力系数大于0.2时，乘客有不稳定感；横向力系数大于0.4时，乘客站立不住，有倾倒的危险。所以，在线形设计标准中对平曲线的最小半径有相关规定。

汽车由直线经缓和曲线进入圆曲线时，其离心力逐渐增加，当离心力增加很快时，乘客感到不舒服，为了使乘客感觉不到转弯，所以要限制离心加速度a。这样，便对缓和曲线的长度提出了要求。

在山区道路上或在陡边坡高填土道路上行车，乘客看不到坡脚，会产生害怕心理。如果在这种路段的路肩上设置护栏或放缓边坡，会消除乘客的不安心理。

道路美学与交通安全之间存在着微妙的关系。采用顺畅连续的线形、宽阔的带弧形的边沟、平缓的边坡等都有助于道路美化和增加交通安全。这样，道路本身比较安全，驾驶员和乘客看起来也比较安全。无论道路多么优美，如果没有安全感就不能认为在美学上是令人满意的。

乘客都希望缩短出行时间，尽快到达目的地。人们经常见到的挤车现象，就是这种心理状态的具体表现。对于已在车上的乘客，希望中途不停车，直达目的地。对于要乘车的旅客，希望出门就有车站，每辆车都停靠，来车即可上车。一般来说，乘车时间越长，越容易产生疲劳，从而使劳动效率降低。

乘客的舒适对减轻疲劳有重大作用。调查表明，工人乘坐电力列车到郊区上班时，坐着乘行60 min以上，与在市里上班，需要换乘，站着乘行小于60 min相比，前者生产指标好。为了减轻乘客疲劳可采取一些有效的措施，具体如下：

市内公共交通规划应明确规定职工上下班出行时间，配备适量的交通工具，规定车辆满员率。一般而言，市内工作出行时间不宜超过45 min；郊区工作出行时间不宜大于70 min。

乘客长时间保持一个坐姿容易疲劳，所以车辆的座位设计应考虑如何减轻疲劳，如用软垫、座位靠背可改变倾斜角度。同时，应注意调节车厢内的温度、湿度、空气并防尘。

坐车时间过长，容易产生烦躁情绪。为此，路线的布设应考虑美学要求，尽量利用名胜古迹、自然景物组成优美的道路交通环境，使乘客在旅途中能观赏风光，感到心旷神怡。同时，沿线布设一些休息场地，使需要停驻的车辆稍停片刻，以便乘客下车活动、伸展肌肉、减轻疲劳。

乘客在长途旅行中会产生了解沿途情况的心情。例如，沿途经过哪些地方，各有什么特点，前方到达哪个车站，已走了旅途的多少里程，距目的地还有多远等。因此，沿路应设置一些指示标志和里程碑，以解除乘客的疑惑。

二、车辆的交通特性

（一）机动车的分类

1.车辆是道路交通的基本要素之一

（1）机动车是指以动力装置驱动或牵引，在道路上行驶的供人员乘用或用于运送物品，以及进行工程专项作业的轮式车辆。

（2）非机动车是指人力或畜力驱动，在道路上行驶的交通工具，以及虽有动力装置驱动但设计最高时速、空车质量、外形尺寸符合有关国家标准的残疾人机动轮椅车、电动自行车等交通工具。

2.在机动车的管理中常按下述类型进行分类统计

（1）座位数小于等于9的载客汽车。

（2）其他总质量小于等于4.5 t的汽车。

（3）其他汽车、汽车列车及无轨电车。

（4）四轮农用运输车。

（5）三轮农用运输车。

（6）两轮摩托车。

（7）边三轮摩托车。

（8）正三轮摩托车。

（9）轻便摩托车。

（10）轮式拖拉机车组。

（11）手扶变型运输机。

3.根据相关国家标准

通常按所担负的运输任务将汽车划分为三大类：

（1）轿车

轿车乘坐2～9人（包括驾驶员），主要供个人使用。轿车按发动机排量分为以下几种：

①微型轿车

发动机排量在1 L以下。

②普通轿车

发动机排量为1.0～1.6 L。

③中级轿车

发动机排量为1.6～2.5 L。

④中高级轿车

发动机排量为2.5～4.0 L。

⑤高级轿车

发动机排量在4 L以上。

（2）客车

客车乘坐9人以上，主要供公共服务用。按车身长度，客车分为以下几级：

①微型客车

车身长度在3.5 m以下。

②轻型客车

车身长度在3.5～7.0 m。

③中型客车

车身长度在7～10 m。

④大型客车

车身长度为10～12 m。

⑤特大型客车

包括铰链式客车（车身长度大于12 m）和双层客车（车身长10～12 m）两种。

（3）载货汽车

载货汽车主要用于载运各种货物，其驾驶室内可容纳2～6名乘员。货车按其总质量分级：

①微型货车

总质量小于1.8 t。

②轻型货车

总质量为1.8～6 t。

③中型货车

总质量为6 ~ 14 t。

④重型货车

总质量大于14 t。

⑤汽车列车

由专门的牵引车牵引的为半挂列车，由普通货车牵引的为全挂列车。

还有根据特殊的使用要求设计或改装的车辆，主要执行运输任务以外的特种作业，如公安消防车、市政工程作业车、环卫环保作业车、医疗救护车、商业售货车等。

（二）车辆的设计外廓尺寸

车辆尺寸与道路设计、交通工程有密切关系。例如，制定公共交通规划时要用到公共汽车额定载客量的参数，研究道路通行能力时要使用车辆长度等数据，车辆宽度影响着车行道宽度设计等。

（三）机动车的主要特性

在现代交通系统中，道路的修筑、桥梁的架设、交通事故的分析无不与车辆的性能有关。因此，在设计和分析交通设施时必须充分地考虑机动车的主要特性（Critical Characteristics of Vehicles）。

1.动力性能（Driving Characteristics）

简单地看牵引力的大小并不能说明两辆车之间动力性能的好坏，为了对动力性能做进一步探讨，特引进动力因数的概念。

2.制动性能（Braking Performance of Vehicles）

在车辆的安全设计中，最重要的操纵特性是制动和减速，而在实际交通系统的设计和运行中，制动时间和制动距离是首先要考虑的两个因素，在实验室中可以通过测定制动减速度和制动力来反映制动性能的优劣。

现代交通对制动性能的稳定性提出了更高的要求。所谓稳定性是指制动性能不因制动器摩擦条件的改变而恶化的性能，可分为热稳定性和水稳定性。

热稳定性（抗热衰退性）是指因连续制动使制动器温度升高后仍能保

持冷态制动效应的能力。它主要由制动器的容量、结构和摩擦衬片的材质决定。制动热稳定性在车辆下长坡和高速紧急制动时显得尤为重要。

水稳定性是指不因制动器浸水而使制动效能减退的能力。较差的水稳定性是雨天交通事故的重要诱发因素之一。

制动性能还表现在制动时车辆的方向稳定上，即制动时车辆保持按指定轨迹行驶的能力。各车轮上的制动力大小分配不均匀、比例不当将导致制动跑偏、侧滑，使车辆失去控制，从而破坏其方向稳定性。

3.通过性（Passing Characteristics）

通过性是指机动车不用其他辅助措施能以足够高的平均速度通过各种路面（潮湿、冰、雪），无路地段和越过各种自然障碍的能力。通过性主要取决于车辆的支承–牵引参数及几何参数，也与动力性、平顺性、稳定性、视野等密切相关。车辆通过性可分轮廓通过性和支承通过性。

（1）轮廓通过性

通常把机动车的最小离地间隙、接近角和离去角、纵向和横向通过半径、车辆所能通过的最大横坡作为车辆轮廓通过性的评价指标。

①最小离地间隙

最小离地间隙是车辆的最低点（除车轮外）与路面间的距离。它可用来表征机动车无碰撞越过障碍物的能力。该间隙不足，会使车辆被地面托住而无法通过时，称为间隙失效。由于车辆底部零件碰到地面而被顶住时，称为顶住失效。

②接近角和离去角

接近角和离去角是指从车身前、后突出点向前、后轮引切线，该切线与路面间的夹角。接近角或离去角过小，将发生车辆前端或尾部触及地面而不能通过，则分别称为触头失效或托尾失效。

③车辆所能通过的最大横坡

车辆所能通过的最大横坡是指车辆重力通过一侧车轮中心，而另一侧车轮的地面反向作用力等于零时路面的横向坡度。

（2）支承通过性

通常把附着质量和附着质量系数，以及车轮接地比压（车轮对地面的单位压力）作为机动车通过性的评价指标。

4.稳定性（Stability）

行驶稳定性是指机动车根据驾驶员的意愿按照规定的方向行驶，且不产生侧滑或倾翻的能力。影响汽车稳定性的主要因素有：

（1）轴距和轮距。

（2）质心位置。

（3）汽车绕过质心垂线的转动惯量。

（4）轮胎特性。

（5）转向系的结构与性能。

（6）车身的空气动力学性能。

此外，机动车的性能还包括汽车的燃油经济性、舒适性、可靠性及排放污染、噪声污染、辐射污染等。

（四）自行车的交通特性

自行车交通是我国城市交通的一大特点，除个别城市自行车不多外，大、中、小不同规格城市的出行方式构成中，自行车出行均占有很大比例。因此，研究自行车的交通特性（Critical Characteristics of Bicycles），对于治理城市交通，保障交通安全具有重要的意义。

自行车有如下基本特性：

1.短程性

自行车靠骑车人用自己的体力转动车轮，因此其行驶速度直接受骑车人的体力、心情和意志的控制，行、止、减速与制动亦取决于骑车人的操纵。同时，其也受路线纵坡度、平面线形、车道宽度、车道划分、气候条件与交通状况的直接影响。个人的体力虽有强、弱之分，但总是很有限的。因此，只适应于短距离出行，一般在5～6 km（或20 min左右）。

2.行进稳定性

自行车静态时直立不稳，当以一定速度前进时，可保持行进的稳定性，只要不受突然出现的过大横向力的干扰，是可以稳定向前而不致侧向倾倒的。

3.动态平衡

自行车骑行过程中重心较高，因此，存在如何保持平衡的问题，特别是在自行车转向或通过小半径弯道时，必须借助于人体的变位或重心倾斜以维持运行中的动态平衡。

4.动力递减性

自行车前进的原动力是人的体力，即两脚蹬踏之力。一般成年男子，10 min以上能产生的功率约为220.6 W，成年女子约为147.7 W，儿童更小，约为73.5 W。持续时间越长，可能产生的功率越小，车速亦随之减小。这就是动力递减的结果，一般自行车出行不宜超过10 km。

5.爬坡性能

由于自行车的动力递减，因此对于普通无变速装置的自行车，不能爬升大坡、长坡，也不宜爬陡坡，否则易酿成危险。通常规定短坡道的坡度不大于5%，长坡道的坡度不大于3%；对于纵坡3%、4%与5%的坡道，其坡长限制为500 m、200 m和100 m。当然，对于北方冰雪地区，其坡度与坡长更应减小，否则冬天无法骑车。

6.制动性能

自动车的制动性能对于行车安全与通行能力具有重要意义，它与反应时间一起决定纵向安全间距，即纵向动态净空。

第二章　公路工程施工技术

第一节　路基施工技术

一、填筑路基土石方工程施工

（一）填方路基施工

1.路基填料的选择

（1）路基填料的一般要求

含草皮、生活垃圾、树根、腐殖质的土严禁作为填料。

泥炭、淤泥、冻土、强膨胀土、有机质土及易溶盐超过允许含量的土，不得直接用于填筑路基。确需使用时，必须采取技术措施进行处理，经检验满足设计要求后方可使用。

液限大于50%、塑性指数大于26、含水率不适宜直接压实的细粒土，不得直接作为路堤填料。需要使用时，必须采取技术措施进行处理，经检验满足设计要求后方可使用。

粉质土不宜直接填筑于路床，不得直接填筑于冰冻地区的路床及浸水部分的路堤。

（2）路基填料的工程性质

①石质土

石质土由粒径大于2 mm的碎（砾）石，其含量由25% ~ 50%及大于50%两部分组成。如碎（砾）石土，空隙度大、透水性强、压缩性低、内摩擦角大、强度高、属于较好的路基填料。

②沙土

沙土没有塑性，但透水性好，毛细水上升高度很小，具有较大的摩擦系数。沙土路基强度高，水稳定性好。但沙土黏性小，易于松散，受水流冲刷和风蚀易损坏，在使用时可掺入黏性大的土改善质量。

③沙性土

沙性土是良好的路基填料，既有足够的内摩擦力，又有一定的黏聚力。一般遇水干得快、不膨胀，易被压实，易构成平整坚实的表面。

④粉质土

粉质土不宜直接填筑于路床，必须掺入较好的土体后才能用作路基填料，且在高等级公路中，只能用于路堤下层（距路槽底0.8 m以下）。

⑤轻、重黏土

轻、重黏土不是理想的路基填料，规范规定，液限大于50%，苏醒指数大于26、含水量不适宜直接压实的细粒土，不得直接作为路基填料，需要使用时，必须采取技术措施进行处理，经检查满足设计要求后方可使用。

⑥黄土、盐渍土、膨胀土

黄土、盐渍土、膨胀土等特殊土体不得已必须用作路基填料时，应严格按其特殊的施工要求进行施工。泥炭、淤泥、冻土、有机质土、强膨胀土、含草皮土、生活垃圾、树根和含有腐殖物质的土不得用作路基填料。

⑦煤渣、高炉矿渣、钢渣、电石渣

满足要求（最小强度CBR、最大粒径、有害物质含量等）或经过处理之后满足要求的煤渣、高炉矿渣、钢渣、电石渣等工业废渣可以用作路基填料，但在使用过程中应注意避免造成环境污染。

2.路堤填筑

（1）土方路堤填筑

①填筑要求

性质不同的填料不能混合在一起，而是根据填料的性质水平分层、分段填筑，最后分层压实。需要注意的是，每种填料的填筑层在完全压实之后的厚度最低为500 mm，最后一层的厚度最低为100 mm。

路基的最上层应该填筑对潮湿或者冻害敏感度低的材料。越是强度小的材料，越应该填筑在底层。如果路基施工的地带存在地下水或者临水，那么填料应该选择透水性好的材料。

在透水性不好的压实层上填筑透水性较好的填料前，应在其表面设2%～4%的双向横坡，并采取相应的防水措施。不得在由透水性较好的填料所填筑的路堤边坡上覆盖透水性不好的填料。每种填料的松铺厚度应通过试验确定，每一填筑层压实后的宽度不得小于设计宽度。

路堤填筑时，应从最低处起分层填筑，逐层压实；当原地面纵坡大于12%或横坡陡于1：5时，应按设计要求挖台阶，或设置坡度向内并大于4%、宽度大于2 m的台阶。

填方分几个作业段施工时，接头部位如不能交替填筑，则先填路段，应按1：1坡度分层留台阶；如能交替填筑，则应分层相互交替搭接，搭接长度不小于2 m。

②一般填筑方法

A.水平分层填筑

填筑时按照横断面全宽分成水平层次，逐层向上填筑。如原地面不平，应由最低处分层填起。每填一层，经压实合格后再填上一层。此法施工操作方便、安全，压实质量易保证。

B.纵坡分层填筑

适用于推土机或铲运机从路堑取土填筑，运距较短的路堤。依纵坡方向分层、逐层推土填筑。原地面纵坡小于20°的地段可用此法施工。

C.横向填筑

从路基一端按各横断面的全部高度，逐步推进填筑，适用于无法自下而上分层填土的陡坡、断岩或泥沼地区。此法不易压实，且还有沉陷不均匀的缺点。为此，应采用必要的技术措施，如选用高效能的压实机械（振动压路机）碾压，采用沉陷量较小的沙性土或废石方作填料等。

D.混合填筑

当高等级公路路线穿过深谷陡坡，尤其是要求上部的压实度标准较高时，下层施工应采用横向填筑，上层施工应采用水平分层填筑，此种方法称为混合填筑法。

③机械填筑路堤作业方式

A.推土机填筑路堤作业方式

推土机作业包含四个环节：切土、推土、堆斜和空反，对推土机的工作效率影响最大的环节为切土与推土。切土环节的速度以及推土过程中对能量的利用程度是决定推土机推土效率的主要因素。推土机的作业方式很多，常见的有坑槽推土、波浪式推土、并列推土、下坡推土和接力推土。

B.挖掘机填筑路堤作业方式

填筑路堤这项工作也可以由挖掘机来完成。

挖掘机有两种工作方式：一是，挖掘机直接从路基的一层挖土，然后将这些土卸向另一侧，用来进行路堤填筑。一般情况下，采用这种方式施工时，人们会使用反铲挖掘机。二是，使用运土车辆配合挖掘机进行工作。挖掘机将挖出的土壤装至运土车内，由运土车将土壤运送到需填筑路堤的路段。这是目前使用较为广泛的作业方式，尤其是取土场地比较集中、运送距离相对较长的工作环境，且正铲挖掘机与反铲挖掘机都能够适应这种工作方式。

（2）填石路堤的填筑

①基底处理

填方地段的基地需要进行严格处理。如果地面的坡度大于1∶2.5，那么应挖台阶。如果基底下有淤泥、地下水等，这样的基底需要进行特殊处理，在施工之前需要报请监理工程师，得到批准签字之后，才能进行施工。

填石路堤的填料相对来说较为坚硬，进行压实工作比较困难，填石材料又具有较高的透水性，水非常容易通过路面、边坡等位置进入基底，导致路基潮湿，严重时可能会使路面产生不均匀沉降等问题。

为了防止这一问题，在施工过程中，除了满足土质路堤表面处理的规定之外，还应该满足不同路堤填高对地基承载力的要求。

如果路堤高度在10 m以内，那么地基的承载力必须大于150 kPa；如果路堤高度在10 m到20 m之间，那么地基的承载力必须大于200 kPa；如果路堤高度大于20 m，此时路基需要在岩石地基面上进行填筑。

②填筑要求

填石路堤填筑应根据试验路段得出的施工技术参数，按照运输车辆运量测算的尺寸，用白灰画框卸填料（方格不小于4 m×4 m），严格进行拉线施工，控制每层的松铺厚度。

在进行填石路堤施工时，每填筑一层，都需要对其宽度进行放样处理，将设计边线清晰地标记出来，以便后期能随时检查，避免填筑的宽度不符合要求。需要注意的是，在用白灰绘制设计边线时，路基碾压应从超填宽度的边缘起，由外向内推进。

用大型推土机按其松铺厚度摊平，个别不平处人工找平。在整修过程中，发现有超粒径的石块应予以剔除，做到粗颗粒分布均匀，避免出现粗颗粒集中现象。

填石路堤应进行边坡码砌，边坡码砌石料强度要求不低于30 MPa，码砌石块最小尺寸不小于30 cm，石块的形状须规则。

填高小于5 m的填石路堤，边坡码砌厚度不小于1 m；填高5～12 m的填石路堤，边坡码砌厚度不小于1.5 m；填高大于12 m的填石路堤，边坡码砌厚度不小于2 m。

应分层填筑、分层压实。最后一层碎石粒径应小于15 cm，其中小于0.05 mm的细粒含量不应小于30%，当上层为细粒土时，应设置土工布作为隔离层。

填石路堤的填料如其岩性相差较大，特别是岩石强度相差较大时，应将不同岩性的填料分层或分段填筑。

③填筑方法

A.竖向填筑法

主要用于铺设二级及二级以下的低级路面公路，在陡峻山坡施工特别困难或大量爆破以挖作填路段，以及无法自下而上分层填筑的陡坡、断岩、泥沼地区和水中作业的填石路堤。该方法施工路基压实、稳定问题较多。

B.分层压实法

分层压实法是目前采用最为普遍且作业质量较高的方法之一。分层压实法从下到上分为若干个层次，依次填筑、依次压实。一级公路、高速公路以及某些高级路面的填石路施工都采用分层压实法施工。

填石路堤将填方路段分为四级施工台阶、四个作业区段、八道工艺流程进行分层施工。

四级施工台阶是：在路基面以下0.5 m为第1级台阶，0.5～1.5 m为第2级台阶，1.5～3.0 m为第3级台阶，3.0 m以下为第4级台阶。

四个作业区段是：填石区段、平整区段、碾压区段、检验区段。施工中填方和挖方作业面形成台阶状，台阶间距视具体情况和适应机械化作业而定，一般长为100 m左右。填石作业自最低处开始，逐层水平填筑，每一分层先是机械摊铺主层集料，平整作业铺撒嵌缝料，将填石空隙以小石或石屑填满铺平，采用重型振动压路机碾压，压至填筑层顶面石块稳定。

C.冲击压实法

冲击压实机利用冲击碾周期性、大振幅、低频率地对路基填料进行冲击，压密填方；强力夯实法用起重机吊起夯锤从高处自由落下，利用强大的动力冲击，迫使岩土颗粒位移，提高填筑层的密实度和地基强度。

（3）土石路堤施工

①填筑要求

利用卵石土、块石土、红砂岩等天然土石混合材料填筑的路堤称为土石混填路堤。在土石混合填料中不得采用倾填法施工，应进行分层填筑，分层压实，分层松铺厚度宜为0.3 m（应根据压实机械类型和规格经试验后确定），石料最大粒径不得超过压实厚度的2/3。

当土石混合填料中石料含量小于70%时，应将土、石混合分层铺填、整平压实，避免尺寸较大的石块集中。当石料含量大于70%时，应执行填石路基技术规范和设计要求。

在路床顶面以下0.8 m的范围内，应填已有适当级配的土石混合料，最大粒径不超过100 mm。

天然土石混合填料中，中硬、硬质石料的最大粒径不得大于压实层厚的2/3；石料为强风化石料或软质石料时，其CBR值应符合相关技术规范，石料最大粒径不得大于压实层厚。

压实后透水性差异大的土石混合材料应分层或分段填筑，不宜纵向分幅填筑；如确需纵向分幅填筑，应将压实后渗水良好的土石混合材料填筑于路堤两侧。

填料由土石混合材料变为其他填料时，土石混合材料最后一层的压实厚度应小于300 mm，该层填料最大粒径宜小于150 mm，压实后，该层表面应无孔洞。

中硬、硬质石料的土石路堤，边坡的石料强度、尺寸及码砌厚度应符合实际要求。边坡码砌与路基填筑宜基本同步进行。软质石料土石路堤的边坡按土质路堤边坡处理。

土石混填压实必须使用18 t以上的羊足碾和重型振动压路机、大功率推土机及平地机分层组合压实。

②施工方法

土石路堤不允许采用倾填方法，均应分层填筑、分层压实，每层铺填厚度应根据压实机械类型和规格确定，一般不宜超过40 cm。施工方法主要包括以下几点。

按填料渗水性能来确定填筑方法。即压实后渗水性较大的土石混合填料应分层分段填筑，如需纵向分段填筑，则应将压实后渗水性较好的土石混合填料填筑于路堤两侧。

按土石混合料不同来确定填筑方法。即当所有土石混合料岩性或土石混合比相差较大时，应分层分段填筑。如不能分层分段填筑时，应将硬质石块混合料铺筑于填筑层下面，且石块不得过分集中或重叠，上面再铺含软质石料混合料，然后整平碾压。

按填料中石料含量来确定填筑方法。即当石料含量超过70%时，应先铺填大块石料，且大面向下，放置平稳。再铺填小块石料、石渣或石屑嵌缝找平，然后碾压。当石料含量小于70%时，土石可以混合铺筑，且硬质石料（特别是尺寸大的硬质石料）不得集中。

3.桥涵及其他构造物处的填筑

（1）填筑要求

台背及与路堤间的回填施工应符合以下规定：

二级及二级以上公路应按设计做好过渡段，过渡段路堤压实度应不小于96%，并应按设计做好纵向和横向防排水系统；二级以下公路的路堤与回填的连接部，应按设计要求预留台阶；台背回填部分的路床宜与路堤路床同步填筑；桥台背和锥坡的回填施工宜同步进行，一次填足并保证压实整修后能达到设计宽度要求。

涵洞回填施工应符合以下规定：

洞身两侧，应对称分层回填压实，填料粒径宜小于150 mm；两侧及顶面填土时，应采取措施防止压实过程对涵洞产生不利后果。

（2）施工方法

①填料

由于路基压缩沉陷和地基沉降，桥涵端头会产生跳车现象。为了保证台背处路基的稳定，填料除设计文件另行规定外，应尽可能采用沙类土或透水性材料。选用非透水性材料时，应在土中增加外加剂，如石灰、水泥等。应特别注意的是，不要将构造物基层挖出的土混入填料中。

②填土范围

台背后填筑不透水材料，应满足一定长度、宽度和高度的要求。

一般情况下，台背填土顺路线方向的长度，顶部距翼墙尾端不小于台高2 m，底部距基础内缘不小于2 m，拱桥台背填土长度不小于台高的3～4倍，涵洞每侧不小于孔径长度的2倍；填筑高度应从路堤顶面起向下计算，在冰冻地区一般不小于2.5 m，无冰冻地区填至高水位处。

③填筑

桥台背后填土宜与锥形护坡同时进行；涵洞缺口填土应在两侧对称均匀分层回填压实；回填土时对桥涵圬工的强度等要求应按照有关规定进行处理；分层松铺厚度宜小于20 cm；当采用小型夯实设备时，松铺厚度不宜大于15 cm；涵洞顶部的填土厚度小于50 cm时，不允许重型机械设备通过。

挡墙背面填料宜选用砾石或沙类土；墙趾部分的基坑应及时回填压实，并做成向外倾斜的横坡；在填土过程中，应防止水的侵害；回填完成后，顶部应及时封闭。

（二）挖方路基施工

1.土质路堑施工

（1）土质路堑施工注意事项

①路堑排水

路堑区域施工时，应保证在施工过程中和竣工后能顺利排水。因此，应先在适当的位置开挖截水沟、设置排水沟，以排除地面水和地下水。

路堑设有纵坡时，下坡的坡段可直接挖到底，上坡的坡段必须先挖成向外的斜坡，最后再挖去剩下的土方；路堑为平坡时，两端都要先挖成向外的斜坡，最后挖去余下的土方。

②废方处理

路堑挖出的土方，除利用外，多余的土方应按设计的弃土堆进行废弃，并不得妨碍路基的排水和路堑边坡的稳定。同时，弃土应尽可能用于改地造田，美化环境。

③设置支挡工程

为了保证土方路堑边坡的稳定，应及时设置必要的支挡工程。开挖时，应自上而下、逐层进行，以防边坡塌方，尤其在地质不良地段，应分段开挖，分段支挡。

（2）路堑开挖的方法

路堑开挖是将路基范围内设计标高之上的天然土体挖除并运到填方地段或其他指定地点的施工活动。深长路堑往往工程量巨大，开挖作业面狭窄，常常是路基施工的控制性工程。因此，应综合考虑工程量大小、路堑深度和长度、开挖作业面大小、地形与地质情况、土石方调配方案、机械设备等因素，确定切实可行的开挖方法。根据路堑深度和纵向长度，开挖时可按下列几种方法进行。

①横向挖掘法

A.单层横挖法

单层横挖法是从路堑的一端或两端按路堑横断面全高和全宽，逐渐地向前开挖，挖出的土石，一般是向两头运送。这种开挖方法，因工作面小，仅适用于短而浅的路堑，可一次性挖到设计标高。

B.多层横挖法

如果路堑较深，可以在不同高度上分成几个台阶同时开挖，每一开挖层都有单独的运土出路和临时排水措施，做到纵向拉开，多层、多线、多头出土，这种开挖方法称为多层横挖法。这样能够增加作业面，容纳更多的施工机械，形成多向出土以加快工程进度。

②纵向挖掘法

A.分层纵挖法

沿路堑全宽，以深度不大的纵向分层挖掘前进的作业方式称为分层纵挖法。本法适用于较长的路堑开挖。

施工中，路堑长度较短（小于100 m），开挖深度不大于3.0 m，地面较陡时，宜采用日推土机作业，其适当运距为20～70 m，最远不宜大于100 m。当地面横坡较平缓时，表面宜横向铲土，下层宜纵向推运。当路堑横向宽度较大时，宜采用两台或多台推土机横向联合作业。当路堑前方为陡峻山坡时，宜采用斜铲推土。

B.通道纵挖法

沿路堑纵向挖掘一通道，然后将通道向两侧拓宽，上层通道拓宽至路堑边坡后，再开挖下层通道，按此方向直至开挖到挖方路基顶面标高，称为通道纵挖法。这是一种快速施工的有效方法，通道可作为机械行驶和运输土方车辆的道路，便于挖掘和外运的流水作业。

C.分段纵挖法

沿路堑纵向选择一个或几个适宜处，将较薄一侧路堑横向挖穿，将路堑在纵向上，按桩号分成两段或数段，各段再纵向开挖，称为分段纵挖法。本法适用于路堑较长、弃土运距较远的傍山路堑或一侧的堑壁不厚的路堑。

③混合式开挖法

混合式开挖法即将横挖法与通道纵挖法混合使用，这种方法适用于路堑纵向长度和深度都很大时。先将路堑纵向挖通，然后沿横向坡面进行挖掘，以增加开挖坡面。为了加快工程进度，施工中，每一个坡面分别设置一个机械施工班组进行作业。

2.石质路堑施工

（1）开挖要求

确定开挖程序之后，根据岩石的条件、开挖尺寸、工程量以及施工技术要求，选择合适的开挖方法。石质路堑开挖的基本要求如下。必须保证施工安全与开挖质量；保证开挖强度，并且能够在既定工期内完工；施工方法要有利于维护岩体的完整和边坡的稳定性；减少辅助工程的数量。

（2）开挖方法

①爆破法

A.光面爆破

在开挖限界的周边，适当排列一定间隔的炮孔，在有侧向临空面的情况下，用控制抵抗线和药量的方法进行爆破，使之形成一个光滑平整的边坡。

B.预裂爆破

在开挖限界处按适当间隔排列炮孔，预先炸出一条裂缝，使拟爆体与山体分开，作为隔震减震带，起保护和减弱开挖限界以外山体或建筑物的地震破坏作用。

C.微差爆破

两相邻药包或前后排药包以毫秒的时间间隔（一般为15～75 ms）依次起爆，称为微差爆破，亦称毫秒爆破。多发一次爆破最好采用毫秒雷管。多排孔微差爆破是浅孔、深孔爆破发展的方向。

D.洞室爆破

为使爆破设计断面内的岩体大量抛掷（抛坍），减少爆破后的清方工作量，保证路基的稳定性，可根据地形和路基断面形式，采用抛掷爆破、定向爆破、松动爆破的方法。

②松土法

利用岩体的各种裂缝和结构面可以采用松土法开挖。该方法是先用推土机牵引松土器将岩体翻松，再用推土机、装载机与自卸汽车配合，将翻松的岩块搬运到指定地点。

松土法开挖避免了爆破作业的危险性，有利于挖方边坡的稳定和附近建筑设施的安全。凡能用松土法开挖的石方路堑，应尽量不采用爆破法施工。随着大功率施工机械的产生和使用，松土法越来越多地应用于石质路堑的开挖，而且开挖的效果越来越好，适用的施工范围也越来越广。

采用松土法开挖时，岩体需具有较大的岩体破裂面或风化程度较严重。当岩体已裂成小石块或呈粒状时，松土只能劈成沟槽，效率较低。沉积岩有沉积层面，比较容易松开，沉积层越薄越容易松开。变质岩松开的难易程度和破裂面发育程度有关。对于岩浆岩，由于其不呈层状或带状，松开比较困难，较少采用松土法开挖。

③破碎法

破碎法开挖是利用破碎机凿碎岩块，然后进行挖运等作业。这种方法是将凿子安装在推土机或挖土机上，利用活塞的冲击作用使凿子产生冲击力以凿碎岩石，其破碎岩石的能力取决于活塞的大小。

破碎法主要用于岩体裂缝较多、岩块体积小、抗压强度低于100 MPa的岩石。由于开挖效率不高，只能用于前述两种方法不能使用的局部场合，作为爆破法和松土法的辅助作业方式。

石质路堑开挖前和施工过程中，应随时检查坡顶、坡面的危石、裂缝和其他不稳定情况，并及时处理。

（三）路基压实

1.路基压实的意义与作用机理

（1）路基压实的意义

路基施工破坏了土体的天然状态，致使其结构松散，颗粒重新组合。试验研究表明，土基压实后，土体的密实度提高，透水性降低，毛细水上升高度减小，避免了因水分积聚和侵蚀而导致的土基软化，或因冻胀而引起的不均匀变形，提高了路基的强度和水稳定性。

因此，路基的压实工作，既是路基施工过程中的一个重要工序，也是提高路基强度与稳定性的根本技术措施之一。

（2）路基压实机理

路基土是由土粒、水分和空气组成的三相体系。三者具有各自的特性，并相互制约共存于一个统一体中，构成土的各种物理特性——渗透性、黏滞性、弹性、塑性和力学强度等。若三者的组成成分情况发生改变，则土的物理性质也随之改变。

压实路基就是利用机械的方法，来改变土的结构，以达到提高土的强度和稳定性的目的。路基土受压时，土中的空气大部分被排出土外，土粒则不断靠拢，重新排列成密实的新结构。土粒在外力作用下不断靠拢，使土的内摩阻力和黏结力也不断地增加，从而提高土的强度。同时，由于土粒不断靠拢，水分进入土体的通道减少，阻力增加，降低了土的渗透性。

2.土质路基的压实

（1）影响土质路基压实的因素

①含水量对压实的影响

土中含水量对压实效果的影响比较显著。当含水量较小时，由于粒间引力使土保持着比较疏松的状态或凝聚结构，土中空隙大都互相连通，水少而气多，在一定的外部压实功能作用下，虽然土空隙中气体易被排出，密度可以增大，但由于水膜润滑作用不明显以及外部功能不足以克服粒间引力，土粒相对移动不容易，因此压实效果比较差。含水量逐渐增大时，水膜变厚，引力缩小，水膜起润滑作用，外部压实功能比较容易使土体相对移动，压实效果渐佳。土中含水量过大时，空隙中出现了自由水，压实功能不可能使水排出，压实功能一部分被自由水所抵消，减小了有效压力，压实效果反而降低。然而，含水量较小时，土粒间引力较大，虽然干密度较小，但其强度可能比最佳含水量时还要高。可此时因密实度较低，空隙多，一经饱水，其强度会急剧下降。这又得出结论：在最佳含水量情况下，压实的土水稳性最好，最佳含水量和最大干密度是两个十分重要的指标，对路基设计和施工很有用处。

②土质对压实效果的影响

不同的土质具有不同的最佳含水率及最大干密度，其压实效果也不同。土粒越细，比面积越大，土粒表面的水膜越多。加之黏土中含有亲水性较高的胶体物质，因此，分散性（液限、黏性）较高的土，其最佳含水率较高而最大干密度较低。对于沙土，由于其颗粒粗呈松散状，水分易于散失，故最佳含水率对其没有更多的实际意义。

③压实功能对压实效果的影响

压实功能是指压实机具重力、碾压次数、作用时间等，压实功能是影响压实效果的又一重要因素。通常对同一种土，随着压实功能的增大，最佳含水率会随之减小，最大干密度会随之增加。因此，增大压实功能是提高土基密实度的另一方法。由于压实功能增加到一定程度后，土的密度增长就不明显了，因此，这种方法有一定局限性。最经济的办法是严格控制工地现场含水率，使碾压在接近最佳含水率时进行，这样便容易达到规定的压实度。

（2）压实工作的技术要领

以压实原理为依据，以尽可能小的压实功能获得良好的压实效果为目的，压实工作必须很好地组织，并注意以下要点。

填土层在压实前应先整平，可自路中线向路堤两边作2%～4%的横坡；压实机具应先轻后重，以适应逐渐增长的土基强度；碾压速度应先慢后快，以免松土被机械推走；压实机具的工作路线，应先两侧后中间，以便形成路拱，再从中间向两边顺次碾压；在弯道部分设有超高时，由低的一侧边缘向高的一侧边缘碾压，以便形成单向超高横坡，前后两次轮迹（或夯击）须重叠15~20 cm；压实时应特别注意均匀，否则可能引起不均匀沉陷；经常检查土的含水量，并视需要采取相应措施。

3.填石路基的压实

填石路基在压实前，应用大型推土机摊铺平整，个别不平处，应用人工配合以细石屑找平。由于压实施工是将各石块之间的松散接触状态改变为紧密咬合状态，因此，应选择工作质量在12 t以上的重型振动压路机、工作质量在2.5 t以上的重锤或25 t以上的轮胎式压路机压（夯）实。

填石路基在压实时，应先碾压两侧（即靠近路肩部分）再碾压中间，压实路线对于轮碾应纵向平行，反复碾压。对夯锤应成弧形，当夯实密实程度达到要求后，再向后移动一夯锤位置。行与行之间应重叠40~50 cm，前后相邻区段应重叠100~150 cm。其余注意事项与土质路基相同。

4.土石路基的压实

土石路基的压实方法与技术要求，应根据混合料中巨粒土含量多少来确定。当巨粒土的含量大于70%时，应按填石路基的方法和要求进行压实；当巨粒土的含量小于50%时，应按填土路基的方法和要求进行压实。

二、特殊路基施工技术

（一）软土路基施工技术

1.换填法施工

换填法，即将地基软弱层全部或部分挖出，换填以强度较高、透水性好、性能稳定、无侵蚀性的材料，并压实，以提高地基承载力，减小沉降量。换填的材料有碎（砾）石、沙、灰土、素土或煤渣等。换填方法有挖填、抛石、爆破等。

（1）开挖换填法

将需要处理的软弱层挖出，采用适当换填材料回填并压实。此法适用于软弱土层埋藏较浅，挖换深度不超过3 m的情况。

（2）抛石挤淤法

一般采用块径不小于30 cm的片石，沿路中线向前抛填，再渐次向两侧扩展，或者从软弱层底面由高向低依次抛填，从而将基底的淤泥或泥炭等软弱土挤出。此法适用于排水困难的洼地，软弱土层较薄易于流动，表层无硬壳的情况。

（3）爆破排淤法

在软弱土层中实施爆破作业，利用爆破冲击力将软弱土层中淤泥或泥炭排走，再用良好的填料置换回填。此法换填深度大，功效高，但注意应避免爆破对周围环境的不良影响。

2.排水固结法施工

（1）排水固结法概述

排水固结法是在软土地基中设置竖向排水体，然后对软土地基预先施加一个外部荷载，使得软土土体中的孔隙水逐渐被排出加固区外而固结，从而使土的含水量降低，孔隙比减小，抗剪强度提高，以达到提高地基承载力和减少施工后沉降的目的。

（2）施工方法

①沙井法

用锤击、震动、射水等方式成孔，在孔内灌沙形成沙井。沙井表面铺设0.5～1.0 m厚的沙垫层或砂沟。排水固结速度与堆载量大小、加载速度、沙井直径、间距、深度等因素有关。

预压加载量大致与设计荷载接近，预压至80%的固结度。就路基而言，加载工作往往可以直接用填土取代。填土速度根据施工工期、地基强度增长情况分级填筑，以每昼夜地面沉降量不超过1.5 cm、坡脚侧向位移不超过0.5 cm来控制。

②排水板法

用纸板、纤维、塑料或绳子代替沙井的沙做成排水井。其原理和方法完全与沙井排水法相同。基本上以带沟槽的塑料芯板作为排水板，因此，又称塑料板法。

③盲沟排水法

在路堤填方前深挖纵向、横向沟，回填碎石，排出地下水，以达到路基固结的目的。此外，排水固结法还包括降水预压和真空顶压等新技术。

3.其他特殊地基处理方法

（1）砂桩挤密法

沙桩挤密法指用振动、冲击或水冲等方式在软弱地基成孔后，再将沙挤压入已成的孔中，形成大直径的沙所构成的密实桩体。

（2）碎石挤密桩法

碎石挤密桩加固软弱地基，主要是利用夯锤的垂直夯击填入孔中的碎石，夯击能量通过碎石向孔底及四周传递，将孔底及桩周围的土挤密，并有一些碎石挤入碎石桩四周的软土中。在形成碎石桩的同时，桩周也形成一个与碎石胶结的挤密带，提高原地基的承载力，碎石桩与桩间地基土形成复合地基，共同承担上部荷载。

（3）CFG桩法

水泥粉煤灰碎石桩简称CFG桩，是在碎石桩基础上加进一些石屑、粉煤灰和少量水泥，加水拌和制成的一种具有一定黏结强度的桩，和桩间土、褥垫层一起形成复合地基。CFG桩法也是近年来新开发的一种地基处理技术。

（4）树根桩法

树根桩是一种用压浆方法成桩的微型桩。树根桩是指桩径在70～250 mm，长径比大于30，采用螺旋钻成孔、加强配筋和压力注浆工艺成桩的钢筋混凝土就地灌注桩。

（5）夯实扩底桩与混凝土薄壁管桩法

夯实护底灌注桩（简称夯实扩底桩），通过击入沉管全部现浇混凝土，利用重锤夯击桩端新灌混凝土，在最大限度扩大桩头的同时，对桩端地基强制夯实挤密。通过桩端截面的增大和对地基土的挤密，显著提高桩头地基承载能力，进而提高桩端竖向承载力。然后现浇混凝土桩身，形成桩侧摩阻力。

（二）湿陷性黄土地区路基施工

1.湿陷性黄土路基病害

在自重湿陷性黄土地区，由于降雨或灌溉在路侧形成积水的持续下渗，湿陷性黄土层发生湿陷，在地表面形成平面为椭圆形湿陷坑。一般的陷坑直径为15～30 cm，中心坑深为30～60 cm。最大的湿陷坑直径可达500～600 cm，中心湿陷坑深度可达90～100 cm。在湿陷坑范围内的路基、路面、桥涵、挡土墙随之发生沉陷、变形、开裂和破坏。

2.湿陷性黄土路基施工

（1）湿陷性黄土填筑路堤

路床填料不得使用老黄土。路堤填料不得含有粒径大于100 mm的块料；在填筑横跨沟堑的路基土方时，应做好纵横向界面的处理；黄土路堤边坡应拍实，并应及时予以防护，防止路表水冲刷；浸水路堤不得用黄土填筑。

（2）湿陷性黄土路堑施工

路堑施工前，应做好堑顶地表排水导流工程；路堑施工期间，开挖作业面应保持干燥；路堑路床土质符合设计规定时，则应将其挖除，另行取土，分层摊铺、碾压至规定的压实度，挖除厚度根据道路等级对路床的要求而定，高速公路、一级公路宜挖除50 cm，其他公路可挖除20 cm；路堑施工中，如边坡地质产生变形，应采取措施进行边坡的防护加固。

（三）膨胀土地区路基施工

1.膨胀土的工程特性

膨胀土在受潮后体积会扩大，也就是人们所说的膨胀；而在失水后体积会变小，产生收缩开裂的现象。膨胀土中的主要矿物成分以强亲水性矿物蒙脱石和伊利石为主。一般情况下，膨胀土多以硬塑或坚硬状态存在于自然界中，表面存在裂隙，并且裂隙会随着气候的变化扩大或者缩小。膨胀土在二级或者二级以上的阶地、山前丘陵和盆地边缘，地形坡度平缓，无明显自然陡坎的位置较多，主要特征有胀缩性、裂隙性和超固结性。膨胀土地区的路基更易发生剥落、冲蚀、泥流、溜坍、塌滑、滑坡、沉陷、纵裂、坍肩等病害。

2.膨胀土路基施工

（1）路堤填筑

强膨胀土稳定性差，不应作为路堤填料；中等膨胀土宜经过加工后作为填料，用于二级及二级以上公路路堤填料时，改性处理后胀缩总率应不大于0.7%；弱膨胀土可根据当地气候、水文情况及道路等级加以应用。

对于直接使用中、弱膨胀土填筑路堤时，应及时对边坡及顶部进行防护，高度不足1 m的路堤，应按设计要求采取换填或改性处理等措施。表层为过湿土，应按设计要求采取换填或进行固化处理等措施。填土高度小于路面和路床的总厚度，基底为膨胀土时，宜挖除地表0.30～0.60 m的膨胀土，并将路床换填为非膨胀土或掺灰处理。若为强膨胀土，挖除深度应达到大气影响深度。

（2）路堑开挖

挖方边坡不要一次挖到设计线，沿边坡预留厚度30～50 cm，待路堑挖完时，再削去边坡预留部分，并立即浆砌护坡封闭。膨胀土地区的路堑，高速公路、一级公路的路床应超挖30～50 cm，并立即用粒料或非膨胀土分层回填或用改性土回填，按规定压实，其他各级公路可用膨胀土掺石灰处治。

（3）路基填筑

膨胀土路基填筑松铺厚度不得大于300 mm，土块粒径应小于37.5 mm。路基完成后，当年不能铺筑路面时，应按设计要求做封层，其厚度应不小于200 mm，横坡不小于2%。

（四）盐渍土地区路基施工

1.盐渍土路基的主要病害

易溶盐在土中的移动（垂直移动、水平移动、灌区的移动），造成盐渍土路基的一些主要病害，通常有溶蚀、盐胀、冻胀、翻浆等。

（1）溶蚀

主要是氯盐渍土，其次是硫酸盐渍土，水把土中的盐分融化带走，可形成雨沟、洞穴，甚至湿陷、塌陷等路基病害。

（2）盐胀

路基边坡和路肩表层在昼夜温度变化所引起的盐胀反复作用下，变得疏松、多孔，易遭风蚀，并伴随沉陷。

（3）冻胀

氯盐渍土，当含盐量在一定范围内，由于冰点下降，水分积聚流动时间加长，可加重冻胀。但含盐量更多时，由于冰点降低很多，路基将不冻结或减少冻结，从而不产生冻胀或只产生轻冻胀。硫酸盐渍土具有和氯盐渍土类似的作用，但冰点降低不如氯盐多，因此影响不如氯盐显著。

（4）翻浆

氯盐渍土，当含盐量在一定范围时，不仅可以加剧冻胀，也可以加重翻浆。这是因为氯盐渍土不仅聚冰多，而且液塑限低，蒸发缓慢。

当含盐量更多时，也因不冻结或冻结而不翻浆或减轻翻浆；硫酸盐渍土，在降低冰点方面，其作用和氯盐渍土类似。因此，可以加重翻浆，但不如氯盐渍土显著。

春融时，结晶硫酸盐脱水可引起加重翻浆的作用；铝盐渍土，由于透水性差，可减轻冻胀和翻浆。

2.盐渍土路基施工

（1）路基基底的处理

盐渍土地区路堤基底，必须先行处理。

一般含盐量大的土层多分布于地表，所以必须严格清除表层植被、盐壳、腐殖土等。在具有湿陷性地段，必须挖除表层湿土后进行换填，换填厚度不应小于30 cm。换填沙砾石，分层碾压密实，然后分层填筑沙砾料，碾压达到规定压实度。

本工程对路基基底（包括护坡道内）范围内表层的盐霜、盐壳、高含量盐土、腐殖质土等和植被及其根系严格清除，清除表土深度不小于30 cm；清除后的基底做成双向1.5%左右的外倾横坡并按规定回填，严格压实。

（2）路基毛细水隔断层的设置

设置毛细隔断层时，在路基边缘以下0.4~0.6 m处（或路基底部）的整个路基宽度上设置。隔断层的材料可用卵石、碎石或其他粒径约5~50 mm的砂砾，厚度采用0.15~0.3 m，并在上、下面各铺设一层5~10 cm厚粗沙或石屑作为反滤层，以防止隔断层失效。

（3）路基高度

根据有关地区的经验，碱土地段路基填土高度可比非盐渍土地段适当降低；在过干地区深度饱和的地下盐水地段，路基填土高度可比低矿化度或淡水的地下水情况适当降低。

第二节　公路附属工程施工技术

一、路缘石施工技术

（一）路缘石的种类

路缘石可根据使用要求和条件选用水泥混凝土预制块、条石、砖等材料，最常用的是工厂化生产的水泥预制块。

水泥预制块平石为矩形，长30～100 cm，宽7～15 cm。侧石大多为矩形，长30～100 cm，高30～35 cm，厚8～13 cm。只有小半径曲线用特制弧形块。城市道路边缘石采用立式，缘石宜高出路面边缘10～20 cm。隧道内、重要桥梁、道路线形弯曲路段或陡峭路段等处的缘石可高出25～40 cm，并应有足够的埋深，以保证稳定和行车安全。斜式缘石便于儿童车、轮椅及残疾人通行，而在分隔带端头或交叉口的小半径处，缘石宜做成曲线式。另外，考虑无障碍设计，道路上人行道出入口多采用牛腿式出入口，平石沿人行道边向前延伸，侧石向下降至1～2 cm，或侧石向出入口转弯。

（二）路缘石施工

1.施工材料

（1）水泥

水泥应选用强度等级不低于42.5级的硅酸盐水泥、矿渣水泥，并应有出厂合格证。散装水泥及袋装水泥出厂日期不明或已超过3个月，应经复验合格后方能使用。已受潮或结块的水泥不得使用。

散装水泥应按牌号、批号分仓储存；袋装水泥应按牌号、批号架高堆存离地至少30 cm，并苫盖，以免混杂和受潮。使用时按出厂日期择先使用。如掺用外加剂，应经试验合格后方能使用。

（2）沙（细集料）

细集料应清洁、坚硬，不得含有团块、片状颗粒、土及云母等有害物质，含量不超过总干重的5%；必要时应过筛清洗。

粗沙平均粒径不得小于4.75 mm；中沙平均粒径应为0.35～4.75 mm。

（3）石料（粗集料）

石料中不得含有煤、煤渣、石灰、碎砖或其他杂物；如料堆中的粗颗粒呈分离状态时，必须重新混合以符合要求的级配；粗集料最大尺寸不得超过25 mm，最好不大于20 mm。

（4）拌和水

拌和水时一般可饮用的水均可使用。如使用其他水，pH应大于4，硫酸盐含量不大于1%。

2.施工工艺

（1）测量放线

柔性路面侧、缘石应在路面基层完成后，未铺筑沥青面层前施工。水泥混凝土路面，应在路面完成后施工。

侧、缘石可以在铺筑路面基层后，沿路面边线刨槽、打基础安装；也可在修建路面基层时，在基础部位加宽路面基层作为基础；还可利用路面基层施工中基层两侧自然宽出的多余部分作为基础，基础厚度及标高应符合设计要求。

路面中线校核后，在路面边缘与侧石交界处放出侧缘石线，直线部位10 m一个桩，曲线部位5～10 m一个桩，路口及分隔带、安全岛等圆弧处1～5 m一个桩，也可用皮尺画圆并在桩上标明侧、缘石顶面标高。

（2）刨槽与处理

人工刨槽：按桩的位置拉小线或打白灰线，以线为准，按要求宽度向外刨槽，一般为一平锹宽（约30 cm）。靠近路面一侧，比线位宽出少许（水泥混凝土路面刨至路面边缘），一般不大于5 cm，不要太宽以免回填夯实不好，造成路边塌陷。刨槽深度可比设计加深1～2 cm，以保证基础厚度，槽底要修理平整。

机械刨槽：使用侧、缘石刨槽机，刀具宽度应较侧、缘石宽出1～2 cm，按线准确开槽，深度可比设计加深1～2 cm，以保证基础厚度，槽底应修理平整。

（3）侧石的选用和施工

侧石在直线段中采用长80~100 cm，曲线半径大于15 m时采用长度为100 cm或60 cm的侧石；曲率半径小于15 m或圆角部分，可视半径大小采用长度为60 cm或30 cm的侧石。

侧石施工应根据施工图确定的平面位置和顶面标高所放出的样线执行，但对于人行道斜坡处的侧石，一般放低至比平石高出约2~3 cm，两端接头（与正常侧石衔接处）则应做成斜坡连接。

（4）安装侧缘石

安装侧石前应按侧石顶面宽度误差的分类分段铺砌，以达到美观的效果。安装时先拌制1∶3（体积比）石灰砂浆铺底，砂浆厚度1~2 cm，缘石可不用石灰砂浆铺底，可用松散过筛的石灰土代替找平基础。

按桩橛线及侧、缘石顶面测量标高拉线绷紧（水泥混凝土路面侧石，可靠板边安装，必要处适当调整），按线码砌侧缘石。需事先算好路口间的侧石块数，切忌中间用断侧石加楔。曲线处侧、缘石应注意，外形圆滑的相邻侧石间缝隙用0.8 cm厚木条或塑料条掌握。缘石不留缝，侧石铺砌长度不能用整数侧石除尽时，剩余部分可用调整缝宽的办法解决，但缝宽应不大于1 cm。不得已必须断侧石时，应将断头磨平。

（5）回填石灰土

①侧石

在侧石安装前要按照侧石宽度误差的分类分段砌筑，使顶面宽度统一美观。安装后，按线调整顺直圆滑，侧石里侧用长木板大铁橛背紧，外侧后背用体积比为2∶8的石灰土，也可以利用修建路面基层时剩余石灰土，回填夯实，里侧缝用体积比为2∶8的石灰土夯填。

侧、缘石两侧同时分层回填，在回填夯实过程中，要不断调整侧、缘石线，使之达到顺直圆滑和平整的要求。夯实后拆除两面铁橛及木板。夯实灰土，外侧宽度不小于30 cm，里侧与路面基层接上。

②平缘石

在平缘石安装后，人工刨槽的槽外一侧沟槽用体积比为2∶8石灰土分层填实，宽度≥30 cm，层厚≤15 cm，也可利用路面基层剩余的路拌石灰土填实。外侧经夯实后与路缘石顶面齐平，内侧用上述同样材料分层夯实，夯实后要比缘石顶面低一个路面层厚度，待油面铺筑后与缘石顶面齐平。

（6）勾缝

路面完工后，安排侧石勾缝。勾缝前必须进行挂线，调整侧石至顺直、圆滑、平整，方可进行勾缝。先把侧石缝内的土及杂物剔除干净，并用水润湿，然后用体积比为1∶2.5的水泥砂浆灌缝填实勾平，用弯面压子压成凹形，并不得在路面上拌制砂浆。砂浆初凝后，用软扫帚扫除多余灰浆，并应适当泼水养护，养护时间不少于3 d，最后达到整齐美观。

二、人行道施工技术

（一）人行道施工准备

1.材料要求

沥青混凝土人行道应采用细粒或微粒式沥青混凝土。沥青混凝土铺装层厚不应小于3 cm，沥青石屑、沥青砂铺装层厚不应小于2 cm。压实度不应小于95%。表面应平整，无明显轮迹。

水泥混凝土预制砌块必须整齐统一，抗压强度应符合设计规定。设计未规定时，不宜低于30 MPa，要求各面平整，无缺边掉角，表面光泽一致，无蜂窝麻面。在铺砌时利用多种异形表面相互连锁的，要求相对稳定。

建筑材料贴面，尺寸形状按设计要求确定，做到表面平整、色泽一致，无缺边掉角。料石、预制砌块宜由预制厂生产，并提供强度、耐磨性能试验报告及产品合格证。进场后应检验合格后方可使用。料石应表面平整、粗糙，其色泽、规格、尺寸应符合设计要求，其抗压强度不宜小于80 MPa。

2.作业条件

地面下的暗管、沟槽和附属构筑物等工程验收合格，场地平整，原材料经见证取样检验合格，方案获监理工程师批准，根据现场与周边环境条件、交通状况，与道路交通管理部门研究制定交通疏导或导行方案，并实施完毕。

施工中影响或阻断人行交通时，在施工前应采取措施，保障人行交通畅通、安全。设置排水沟、集水坑，及时将路基里的积水或地下水排走，确保路基上无积水。

施工用水、用电已经接通。根据工程规模、环境条件，修筑临时施工道路。临时施工道路应满足施工机械调运和车辆通行安全要求，且不得妨碍施工。

对作业层队伍进行全面技术、安全、质量、环保内容的交底。

无雨、雪天气。采用干铺时，环境温度不应低于0 ℃。采用掺有水泥的砂浆铺设时，环境温度不应低于5 ℃。

3.人行道施工准备注意事项

（1）地下管线的保护

在基槽开挖之前，应全面掌握人行道下的管线种类、结构、水平位置、埋深等情况。在地下管线埋深较浅处，采用人工开挖基槽，人工或小机具夯实，以免损伤地下管线。

（2）相邻构筑物的协调

人行道上常有树穴、绿带、各种检查井、电杆穴等构筑物。因此，在人行道施工时，必须与有关部门互相协作配合，避免在工序上发生冲突，并应保护好测量标志，保证人行道的标高和横坡。

（3）环境保护

在喷洒乳化沥青或涂沥青漆和摊铺沥青混凝土时，侧石及相邻构筑物应用旧报纸、牛皮纸等加以覆盖，以防止污染。

（4）盲道设置

按设计及规范规定设置施工步骤与施工工艺；行进盲道砌块与提示盲道砌块不得混用；盲道避开树池、检查井、杆线等障碍物；路口处盲道应铺设为无障碍形式。

（二）人行道施工

1.基槽施工

基槽施工要点如下。

按设计图样实地测高程桩与放线，人行道直线段，一般10 m一桩，曲线段适当加密，并在桩上标出面层设计标高，或放在建筑物上画线表明设计标高。若人行道外侧已按标高安装站石时，则以站石顶面标高为准，按设计横坡放样。

新建道路，可将土路床施工至人行道基槽标高，不必反开挖；路垫开挖接近基槽标高时，适当停留厚度，找平碾压达到设计压实度后再进行检查平整。草地软土应换填或用石灰稳定处理。开挖基槽前要对地下管网进行了全面检查，并采取相应的保护措施。雨、冬期施工，必须做好相应的排水、防冻措施。

2.基层施工

人行道基层有石灰土基层、石灰水泥稳定石屑基层、水泥稳定碎石基层、素混凝土基层等。

沥青混凝土面层人行道一般采用石灰水泥稳定石屑、水泥稳定碎石等半刚性基层材料，以减少反射裂缝。水泥混凝土人行道多采用石灰土基层、石灰水泥稳定石屑、水泥稳定碎石等基层材料。建筑材料贴面的人行道一般采用素混凝土基层。

3.面层施工

（1）沥青混凝土面层施工

①铺筑面层

检查到达工地的沥青混凝土种类、温度及拌和质量等，冬季运输沥青混凝土必须注意保温。人工摊铺时要计算用量，分段卸料，卸料要卸在钢板上，松铺系数为1.2～1.3。上料时要注意扣铁操作，摊铺时不要踩在新铺混合料上，注意轻拉慢推，搂平时注意粗细均匀，不使大料集中。

②碾压

用平碾纵向错半轴碾压，随时用3 m直尺检查平整度，不平处及粗麻处要及时修整或筛补，趁热压实。碾压不到处要用热夯或热烙铁拍平，或用振动夯板夯实。

③接槎

采用立槎涂油热料温边方法。低温施工应适当采取喷油措施，并铺热沙措施，以保护人行道面层，防止掉渣。要求表面坚实，无松散、裂纹、掉渣、积水、粗细料集中等，接槎紧密平顺，与其他构筑物应接顺。

（2）现浇水泥混凝土面层施工

①摊铺面层

现浇水泥混凝土人行道面层铺筑厚度应不小于10 cm。水泥混凝土拌合物应摊铺均匀。布料的松铺系数K=1.10～1.25之间。摊铺后表面应大致平整，不得有明显的凹陷。每块混凝土板应一次性摊铺完毕。

②振捣

当混凝土摊铺长度大于10 m时，可以开始使用平板振捣器进行振捣作业，振动时间不宜少于30 s，应重叠10～20 cm，行进速度应均匀一致。振捣速度宜匀速缓慢，振捣应不间断地进行，其作业速度以水泥混凝土拌合物表面不露粗集料，泛出水泥浆为准。

③收面

透水水泥混凝土振捣后，宜使用抹平机对水泥混凝土面层进行收面，收面时必须保持模板顶面整洁，接缝处板面平整。抹面不宜少于4次，先找平抹平，待混凝土表面无泌水时再抹面，并依据水泥品种与气温来控制抹面间隔时间。

④切缝

根据环境温度在水泥混凝土面层成活后，按设计要求间距采用切缝法施工横向缩缝。缩缝应垂直板面，宽度宜为4～6 mm。设传力杆时，不应小于面层厚的1/3。切缝完成后，立即用高压水枪将残余砂浆冲洗干净。待缩缝干燥后，按设计要求进行填缝处理。

（3）路面砖铺砌层施工

①复测标高

按照设计图纸复核放线，用测量仪器打方格，并以对角线检验方正，然后在桩撅上标注该点面层设计标高。

②水泥砖装卸

预制块方砖的规格为200×200×180（单位：mm），装运花砖时要注意强度和外观质量，要求颜色一致、无裂缝、不缺棱角。要轻装轻卸以免损坏。卸车前应先确定卸车地点和数量，尽量减少搬运。砖间缝隙为2 mm，用经纬仪和钢尺测量放线，打方格时要把缝宽计算在内。

③拌制砂浆

采用1：3石灰砂浆或1：3水泥砂浆，石灰粗沙要过筛，配合比例要准确，砂浆的和易性要好。

④修整基层

挂线或用测量仪器检查基层竣工高程时，对于小于等于2 m²的凹凸不平处，当低处小于等于1 cm时，可用1：3石灰砂浆或1：3水泥砂浆填实。当低处大于1 cm时，将基层刨5 cm，用与基层同样的混合料填平拍实。填补前应把坑槽修理平整干净，表面适当湿润，高处应铲平。但如铲后厚度低于设计厚度的90%时，应进行反修。

⑤铺筑砂浆

在清理干净的基层上洒一遍水使之湿润，然后铺筑砂浆，厚度为2 cm，用刮板找平。铺砂浆应随砌砖同时进行。

⑥铺砌水泥砖

铺砖时，按高程控制桩，在方格内由第一行砖纵横挂线，根据标线按标准缝宽铺筑第一行样砖，然后纵线不动，横线平移，依次按照样砖铺砌。

铺设步砖，砖缝的直线要通、曲线要顺。扇形平面上铺步砖，要用电锯切割异形步砖与之相配，也可按直线顺延铺筑，然后用与预制步砖颜色相同的水泥砂浆补齐并刻缝。

⑦灌缝

灌缝一般采用1：3水泥细沙干浆，先在步砖表面均匀撒铺一层砂浆，然后用扫帚或板刷将砂浆扫入缝中，然后可用小型振动碾压机振实或浇水灌实。灌缝要反复进行几道，直到缝隙饱满为止。施工完毕后，面上的砂浆要清扫干净，用扫帚扫出步砖本色。

（4）其他形式的人行道面层施工

①彩色板（砖）和触感板（砖）人行道的施工

彩色人行道方砖要采用刚性或半刚性基层及干拌水泥砂浆黏结层。基层和黏结层的材料、厚度、强度应符合设计要求。基层的施工可按照规程的有关规定执行。

②水泥混凝土连锁砌块铺装

由于条块狭小，因而对平整度的要求更高，块与块的连接必须紧密、齐平，不得有错落现象。铺砌不留缝，垫层用粗沙，使用专用的振平板振实，灌缝用细沙，其余操作均与铺水泥砖相同。完工后需要表面平整光洁、图案排列整齐、颜色一致，无麻面或者掉面、缺边现象，纵横坡度要符合设计要求。

③曲线段人行道板（砖）的施工

曲线段人行道的道面铺砌，可采用直铺法或扇形铺法进行铺砌，其中彩色人行道板（砖）应采用直铺法进行施工。铺板（砖）后所形成的楔形空缺和边、角空缺可采用同标号水泥混合料就地浇筑，彩色人行道板（砖）应按所需形状切割后拼砌，与预制道板（砖）面平，并进行养护。

4.特殊部位的施工

（1）各种井的周边施工

按设计标高、纵坡、横坡，调整井圈高程，对已破坏或跳动的井盖、井圈进行更换，检查井周围，不得使用锯割的步砖嵌砌，步砖与井周空缺应及时用细石混凝土填补好；建筑材料贴面可使用切割后材料与检查井接顺。

（2）树穴施工

按设计要求间隔和尺寸留出树穴，树穴与路缘石或站石要方正衔接，树穴边缘按设计要求用水泥混凝土预制件、水泥混凝土缘石或大理石等围成，尺寸、高程按设计要求确定，人行横道线、公共汽车站处不设树穴。

（3）无路缘石部位施工

对人行道、广场等无路缘石人行道边缘，应采用混凝土止挡法或步砖砂浆黏结法固定。

（4）与建筑衔接处施工

人行道面层高于建筑物地面时，应调整人行道横坡接平，或将建筑通行范围降低接顺；当建筑物地面与人行道高差较大时，应设置踏步或挡土墙。

5.人行道的保养与修理

（1）人行道保养

应经常保持人行道整洁，及时清除人行道上的尘土污泥和杂物。两侧建筑物的管道排水，不得浸流人行道上。禁止机动车辆在人行道上行驶或停放。经常保持块料铺装人行道块体的稳定，发现松动及时补充嵌缝材料，填充稳固。若垫层不平引起人行道砌块松动，应将砌块挖出，整修垫层重新铺筑。应保养好整体铺装人行道的伸缩缝和施工缝及人行道同检查井口的接缝，发现损坏应及时修补。侧石及平石的接缝要定期清缝及勾缝，对损坏及歪斜的侧石及平石，应及时调整或更换。因树根挤坏人行道及侧石而影响行人及排水时，应同有关部门联系解决。

（2）人行道修理

人行道的修理，应针对破损原因（如排水不良、路面树根部的发育、集中堆放重型物资或机动车辆驶入等）采取相应措施进行修补。修复时应符合下列规定。

处理部分要比损坏边缘扩大10 cm以上，开挖前应清理尘土、杂物。要按照修理时画出的轮廓开挖，边缘应垂直整齐。如果修理砌块面层，则应按砌块接缝线前10 cm进行画线开挖。人行道路面损坏需要修整并更换侧石和平石，必须在更换侧石和平石后再修整路面。结构组合应按原人行道结构恢复，回填土及基层压实度应符合规定要求。修理部分要将四周边缘结合至密实平整，检查井的周围要细致地修复，黑色混合料铺筑的人行道结构，槽壁要涂黏结剂浇沥青，水泥混凝土人行道按原规格、原花纹恢复。新开人行道根据道路口宽度、侧石设置、转弯半径等采用不同形式，并要考虑行人行走方便。

三、其他附属工程施工技术

（一）路肩施工

1.路肩的作用及宽度

各级公路都要设置路肩。路肩的作用主要有以下几个方面：由于路肩紧靠在路面的两侧设置，具有保护及支撑路面结构的作用；供发生故障的车辆临时停放之用，有利于防止交通事故和避免交通紊乱；作为侧向余宽的一部分，能增进驾驶的安全和舒适感，对保证设计车速是必要的，尤其在挖方路段，还可以增加弯道视距，减小行车事故；提供道路养护作业、埋设地下管线的场地，对未设人行道的道路，可供行人及非机动车等使用；精心养护的路肩，能增加公路整体的美观。

2.路肩施工

路肩石可以在铺筑路面基层后，沿路面边线刨槽、打基础安装；也可以在修建路面基层时，在基础部位加宽路面基层作为基础；还可以利用路面基层施工中基层两侧宽出的多余部分作为基础，厚度及标高应符合设计要求。

路面中线校正后，在路面边缘与侧石交界处放出路肩石线，直线部位10 m桩；曲线部位5～10 m桩；路口及分隔带等圆弧1～5 m桩。也可以用皮尺画圆并在桩上标明路肩石顶面高程。

刨槽施工时，按要求宽度向外刨槽，一般为30 cm，靠近路面一侧比线位宽出少许，一般不大于5 cm，太宽容易造成回填夯实不好及路边塌陷。为保证基础厚度，刨槽深度可比设计加深1～2 cm，槽底应修理平整。若在路面基层加宽处安装路肩石，将基层平整即可，免去刨槽工序。

（二）雨水口施工

1.雨水口施工工艺

雨水口施工步骤主要有以下几点：根据设计图样，放出雨水口井位，打定位桩，并标定高程。按照定位线开挖基槽，井周每侧留出30 cm的余量，控制设计标高，清理槽底，进行夯实。浇筑底板，底板按设计图施工养护达到一定强度时再砌筑井体。砌筑井体前要按墙身位置挂线，先在底板上铺上一层砂浆后，再开始砌筑墙身，要保证墙身垂直，井底应采用水泥砂浆抹出雨水口泛水坡。

2.施工注意事项

位置应符合设计要求，不得歪扭；井箅与井墙应吻合；井箅与道路边线相邻边的距离应相等；内壁抹面必须平整，不得起壳裂缝；井箅必须完整无损、安装平稳；井内严禁有垃圾等杂物，井周回填土必须密实；雨水口与检查井的连接应顺直、无错口；坡度应符合设计规定。

（三）检查井施工

1.检查井的构造

（1）井基

井基包括基础和流槽。按照土壤及水文地质条件，采用灰土、碎砖、碎石或卵石作垫层。上铺混凝土或砌砖基础。基础上部按上下游管道管径大小砌成流槽。

（2）井身

检查井身的材料应采用砖、石、混凝土或钢筋混凝土。我国目前多采用砖砌，以水泥砂浆抹面。井身在构造上分为工作室、渐缩部分和井筒三部分。工作室的平面形状有圆形、矩形和扇形。

（3）井盖、盖座

井盖盖在井筒上面，井盖座在盖座上，井盖和路面、人行道安装平整，防止行人车辆掉入井内和其他物品落入井内。一般用铸铁制作，也有用混凝土制作的。

（4）爬梯

爬梯供工作人员上下井用，用铸铁制作，也有用砖砌的脚窝，交错地安装在井壁上。

2.检查井的施工要点

施工前先熟悉图样，确定检查井的尺寸、样式，砌井前检查基础尺寸，砌筑检查井，应在管道安装后立即进行。基础清理干净后，先铺一层砂浆，再进行墙体砌筑，砌砖时每砌完一层，要灌一次砂浆，使缝隙内砂浆饱满，上、下两层砖间竖向要错缝，所用砂浆与砖的强度要求由设计确定；井壁与混凝土管相接部分必须用砂浆坐满，在混凝土管上砌砖，以防漏水，管外壁接头处要提前洗刷干净。井身上部收口按设计标准图集所要求坡度砌筑，砌井也应边砌边完成井内砂浆抹面。

（四）雨水支管施工

1.挖槽

测量人员按设计图上的雨水支管位置、管底高度定出中心线并标记高程。

根据开槽宽度，撒开槽灰线，槽底宽一般采用管径外皮之外每边各加宽3.0 cm。根据道路结构厚度和支管覆土要求，确定在路槽或一步灰土完成后反开槽，开槽原则是能在路槽开槽就不在一步灰土完成后反开槽，以免影响结构层整体强度。挖至槽底基础表面设计高程后挂中心线，检查宽度和高程是否平顺，修理合格后再按基础宽度与深度要求，立槎挖土直至槽底做成基础土模，清底至合格高程即可打混凝土基础。

2.四合一法施工

四合一法施工即基础、铺管、八字混凝土、抹箍同时施工。

（1）基础

浇筑强度为C10水泥混凝土基础时，将混凝土表面做成弧形并进行捣固，混凝土表面要高出弧形槽1～2 cm，靠管口部位应铺适量1：2（体积比）的水泥砂浆，以便稳管时挤浆使管口与下一个管口黏结严密，防止接口漏水。

（2）铺管

在管子外皮一侧挂边线，以控制下管高程顺直度与坡度，要洗刷管子保持湿润。将管子稳在混凝土基础表面，轻轻揉动至设计高程，注意保持对口和中心位置的准确。雨水支管必须顺直，不得错口，管子间留缝最大不准超过1 cm。灰浆挤入管内用弧形刷刮除，如出现基础铺灰过低或揉管时下沉过多，应将管子撬起一头或起出管子，铺垫混凝土及砂浆，且重新揉至设计高程。

（3）八字混凝土

当管子稳定并完成捣固工作之后，按照要求角度抹出八字。

（4）抹箍

管座八字混凝土灌好后，立即用1：2水泥砂浆抹箍。

抹箍的材料规格，水泥用强度等级32.5以上，选用中沙，含泥量不大于

5%；接口工序是保证质量的关键，不能有丝毫马虎。抹箍前先将管口洗刷干净，保持湿润，砂浆应随拌随用。

抹箍时先用砂浆填管缝压实略低于管外皮，如砂浆挤入管内用弧形刷随时刷净，然后刷水泥素浆一层宽8 cm～10 cm，再抹管箍压实，并用管箍弧形抹子赶光压实；为确保管箍和管基座八字连接一体，在接口管座八字顶部预留小坑。当抹完八字混凝土立即抹箍，管箍灰浆要挤入坑内，使砂浆与管壁黏结牢固；管箍抹完初凝后，要盖草袋洒水养护，注意勿损坏管箍。

3.包管加固

凡支管上覆土不足40 cm，需上大碾碾压者，应作360°包管加固。在第一天浇筑基础下管，用砂浆填管缝压实，略低于管外皮，并做好平管箍后，于次日按设计要求打水泥混凝土包管，水泥混凝土必须插捣振实，注意养护期内的养护，完工后支管内要清理干净。

4.支管沟槽回填

回填应在管座混凝土强度达到50%以上进行；应在管子两侧用8%灰土同时进行雨水支管预拌回填，管顶40 cm范围内用人工夯实，夯实度要与道路结构层相同。

5.升降检查井

城市道路在路内有雨污水等各种检查井，在道路施工中，为了保护原有检查井井身强度，一般不准采用砍掉井筒的施工方法。

开槽前用竹竿等物逐个在井位插上明显标记，堆土时要离开检查井0.6～1.0 m，不准推土机正对井筒直推，以免将井筒挤坏。井周土方采取人工挖除，井周填石灰土基层时，要采用火力夯分层夯实。

凡升降检查井取下井圈后，按要求高程升降井筒，如升降量较大，要考虑重新收口，使检查井结构符合设计要求。

井顶高程按测量高程在顺路方向井两侧各2 m，垂直路线方向井每侧各1 m，挂十字线稳好井圈、井盖。

第三章　桥梁的施工技术

第一节　梁桥下部结构施工技术

一、承台施工

（一）围堰及开挖方式的选择

1.当承台处于干处时，一般直接采用明挖基坑，并根据基坑状况采取一定措施后，在其上安装模板，浇筑承台混凝土。

2.当承台位于水中时，一般先设围堰（钢板桩围堰或吊箱围堰）将群桩围在堰内，然后在堰内河底灌注水下混凝土封底，凝结后，将水抽干，使各桩处于干处，再安装承台模板，在干处灌注承台混凝土。

3.对于承台底位于河床以上的水中，采用有底吊箱或其他方法在水中将承台模板支撑和固定，如利用桩基，或临时支撑。承台模板安装完毕后抽水，堵漏，即可在干处灌注承台混凝土。

4.承台模板支承方式的选择应根据水深、承台的类型、现有的条件等因素综合考虑。

（二）承台底的处理

1.低桩承台

当承台底层土质有足够的承载力，又无地下水或能排干水时，可按天然地基上修筑基础的施工方法进行施工。当承台底层土质为松软土，且能排干水施工时，可挖除松软土，换填10~30 cm厚沙砾土垫层，使其符合基底的设计标高并整平，即立模灌注承台混凝土。

2.高桩承台

当承台底以下河床为松软土时，可在板桩围堰内填入沙砾至承台底面标高。填砂时视情况决定，可抽干水填入或静水填入，要求能承受灌注封底混凝土的重量。

（三）模板及钢筋

1.模板一般采用组合钢模，纵、横楞木采用型钢，在施工前必须进行详细的模板设计，以保证模板有足够的强度、刚度和稳定性，能可靠地承受施工过程中可能产生的各项荷载，保证各部结构形状、尺寸的准确。模板要求平整，接缝严密，拆装容易，操作方便。一般先拼成若干大块，再由吊车或浮吊（水中）安装就位，支撑牢固。

2.钢筋的制作严格按技术规范及设计图纸的要求进行，墩身的预埋钢筋位置要准确、牢固。

（四）混凝土的浇筑

1.混凝土的配制除要满足技术规范及设计图纸的要求外，还要满足施工的要求，如泵送对坍落度的要求。为改善混凝土的性能，根据具体情况掺加合适的混凝土外加剂，如减水剂、缓凝剂、防冻剂等。

2.混凝土的拌和采用拌和站集中拌和，混凝土罐车通过便桥或船只运输到浇筑位置，采用流槽、漏斗或泵车浇筑，也可由混凝土地泵直接在岸上泵入。

3.混凝土浇筑时要分层，分层厚度要根据振捣器的功率确定，要满足技术规范的要求。

（五）混凝土养生和拆模

混凝土浇筑后要适时进行养生，尤其是体积较大，气温较高时要更为注意，防止混凝土开裂。混凝土强度达到拆模要求后再进行拆模。

二、整体式墩台施工

（一）桥梁墩台的构成及典型墩台构造图

桥梁墩台主要由墩（台）帽、墩（台）身和基础三部分组成。主要作用是承受上部结构传来的荷载，并通过基础又将该荷载及自重传递给地基。

1.桥墩

指多跨桥梁的中间支承结构物，除承受上部结构的荷载外，还要承受流水压力，风力及可能出现的冰荷载、船只、排筏或漂浮物的撞击力。

2.桥台

支撑桥跨结构物，同时衔接两岸接线路堤构筑物，起到挡土护岸和承受台背填土及填土上车辆荷载附加内力的作用。桥台分重力式桥台和轻型桥台两大类。

轻型桥台力求体积轻巧、自重小，借助结构物的整体刚度和材料强度承受外力，可节省材料，降低对地基强度的要求，可用于软土地基。

（二）整体式墩台施工要点

1.混凝土及钢筋混凝土墩、台施工要点

①墩台施工前应在基础顶面放出墩、台中线和墩、台内、外轮廓线的准确位置。②现浇混凝土墩、台钢筋的绑扎应和混凝土的浇筑配合进行。在配置垂直方向的钢筋时应有不同的长度，以使同一断面上的钢筋接头能符合公路桥涵施工技术规范的有关规定。水平钢筋的接头也应内外、上下互相错开。③注意掌握混凝土的浇筑速度。④若墩、台截面积不大时，混凝土应连续一次浇筑完成，以保证其整体性。若墩、台截面积过大，应分段分块浇筑。⑤在混凝土浇筑过程中，应随时观察所设置的预埋螺栓、预埋支座的位置是否移动，若发现移位应及时校正。浇筑过程中还应注意模板、支架情况，如有变形或沉陷应立即校正并加固。⑥高大的桥台，若台身后仰，本身自重力偏心较大，为平衡台身偏心，施工时应在填筑台身四周路堤土方的同时砌筑或浇筑台身，防止桥台后倾或向前滑移。未经填土的台身施工高度一般不宜超过4 m，以免偏心引起基底不均匀沉陷。⑦V形、Y形和X形桥墩的施工方法与桥梁结构体系有密切关系。通常把这种桥梁划为V形墩结构、锚跨结构和挂孔部分3个施工阶段。其中V形墩是全桥施工重点，它由两个斜腿和其顶部主梁组成倒三角形结构。

2.片石混凝土或片石混凝土砌体墩、台施工要点

在浇筑实体墩台和厚大无筋或稀配筋的墩台混凝土时，为节约水泥，可采用片石混凝土或混凝土砌体。

第一，当采用片石混凝土时，混凝土中允许填充粒径大于150 mm的石块（片石或大卵石），并应遵守下列规定。

①填充石块的数量不宜超过混凝土结构体积的25%。②应选用无裂纹、夹层和未燋烧过的并具有抗冻性的石块。③石块的抗压强度应符合有关规定，与对碎石、卵石的要求相同。④石块在使用前应仔细清扫，并用水冲洗干净。⑤石块应埋入新浇筑捣实的混凝土中一半左右。受拉区混凝土不宜埋放石块；当气温低于0 ℃时，应停埋石块。⑥石块应在混凝土中分布均匀，两石块间的净距不应小于100 mm，以便捣实其间的混凝土。石块距表面（包括侧面与顶面）的距离不得小于150 mm，具有抗冻要求的表面不得小于300 mm，并不得与钢筋接触和碰撞预埋件。

第二，当采用片石混凝土砌体时，石块含量可增加到砌体体积的50%～60%，石块净距可减为40～60 mm，其他要求与片石混凝土相同。

三、装配式桥墩施工要点

装配式桥墩主要采用拼装法施工。它用于预应力混凝土、钢筋混凝土薄壁墩、薄壁空心墩或轻型桥墩。拼装式桥墩主要由就地浇筑实体部分墩身和基础与拼装部分墩身组成。实体墩身与基础采用就地现浇施工时，在浇筑实体墩身与基础时应考虑其与拼装部分的连接、抵御洪水和漂流物的冲击、锚固预应力筋、调节拼装墩身的高度等问题。

装配部分墩身由基本构件、隔板、顶板和顶帽组成，在工厂制作，运到桥位处拼装成桥墩。装配部分墩身的分块，要根据桥墩的结构形式，吊装、起重工具和运输能力决定。要尽可能使分块大、接缝小，按照设计要求定型生产为宜。加工制作出来的拼装块件要质量可靠、尺寸准确、内外壁光洁度高。拼装时，要根据施工现场的地形、水文、运输条件以及墩的高度、起吊设备等具体情况拟定施工细则，认真组织实施。决定拼装方法时应注意预埋件的位置，接缝处理要牢固密实，预留孔道要畅通。

预应力混凝土空心墩的主要施工工艺流程：

1.浇筑桥墩基础。

2.浇筑实体墩身（包括预埋锚固件和连接件）

3.安装预制的墩身构件包括：预制构件分块、模板制作及安装（在工厂进行）、制孔（在工厂进行）、预制构件浇筑（在工厂进行）、预制构件运输至桥位、安装墩身预制块件。

4.施加预应力。

5.孔道压浆。

6.封锚。

四、高桥墩施工要点

随着交通事业的不断深入发展和公路等级不断提高，新桥型不断推出，高强度混凝土的不断推广应用，高桥墩（塔）也不断出现。但随着桥墩高度的增加，其施工难度及技术要求也相应提高。目前比较成熟的方法有提升模板法、滑动模板法和预制拼装法。

（一）提升模板施工法

1.单面整体提升模板法

单面整体提升模板可分为拼装式模板和自制式模板。索塔施工时，应分节段支模和浇筑混凝土，每节段的高度应视索塔尺寸、模板数量和混凝土浇筑能力而定，一般宜为3～6 m。用倒链或吊机吊起大块模板，安装好第一节段模板。在浇筑第一节段混凝土时，应在塔身内预埋螺栓，以支承第二节段模板和安装脚手架。

2.翻模法

这种模板系统依靠混凝土对模板的黏着力自成体系，且制造简单、构件种类少，模板的大小可根据施工能力灵活选用，混凝土接缝较易处理，施工速度快。但模板本身不能提升，要依靠塔吊等起重设备提升。

施工程序为先安装第一层模板（接缝节+标准节+接缝节），浇筑混凝土，完成一个基本节段的施工。以已浇混凝土为依托，拆除最下一层的接缝节和标准节（顶节接缝节不拆），向上提升，将标准节接于第一层的顶节接缝节上，并将拆下的接缝节立于标准节上，安装对拉螺杆和内撑。

3.爬模法

爬模按提升设备不同可分为倒链手动爬模、电动爬架拆翻模和液压爬升模。

（1）倒链手动爬模

此种装置一般由钢模、提升桁架及脚手架三部分组成，其中模板由背模、前模及左、右侧模组成。其施工要点是：利用提升架上的起重设备，拆除下一节钢模，将其安装到上一节钢模上，浇筑上节钢模内的混凝土并养生；同时绑扎待浇筑节段的钢筋，待混凝土达到规定强度后，用倒链将提升架沿背模轨向上提升（倒链的数量、起吊力的选择一定要依据可提升物的重力等考虑足够的安全系数，并考虑做保险链），再拆除最下节钢模。如此循环操作，全部施工设备随塔柱的升高而升高。

（2）电动爬架拆翻模

此种装置由模架、模板、电动提升系统和支承系统四部分组成。其施工步骤为模架爬升、模板拆除、钢筋安装和混凝土施工。

（3）液压爬升模

此种装置由模板系统、网架主工作平台、液压提升系统等组成。当一个节段的混凝土已浇筑并达到规定强度后，即可进行模板的爬升。先将上爬架的支腿（爬靴）收紧以缩小外廓尺寸，然后操作液压控制台开关，两顶升油缸活塞杆支承在下爬架上，两缸体同时向上顶升，并通过上爬架、外套架带动整个爬模向上爬升。待行程达到要求的高度时，停止爬升，调节专门杆件，伸出支腿，并使就位爬靴支在爬升支架上，然后操纵液压控制台使活塞杆收回，带动下爬架、内套架上升就位，并把下爬架支腿支撑好。爬升就位后，拆下一节模板，同时绑扎钢筋，并将拆下的模板立在上一节模板顶部，再进行下一个节段的施工。

（二）滑动模板法

1.基本原理

滑动模板将板悬挂在工作平台的围圈上，沿着施工的混凝土结构截面的周界组拼装配，并随着混凝土的浇筑由千斤顶带动向上滑升。

2.基本构造

滑动模板的构造，由于桥墩类型、提升工具的类型不同而稍有差异，但其主要部件与功能则大致相同。一般主要由工作平台、内外模板、混凝土平台、工作吊篮和提升设备等组成。

3.施工工序要点

（1）滑模组装

①在基础顶面搭枕木垛，定出桥墩中心线。

②在枕木垛上先安装内钢环，并准确定位，再依次安装辐射梁、外钢环、立柱、顶杆、千斤顶、模板等。

③提升整个装置，撤去枕木垛，再将模板落下就位，随后安装余下的设施。内外吊架待模板滑至一定高度时，及时安装。模板在安装前，表面需涂润滑剂，以减小滑升时的摩擦阻力。组装完毕后，必须按设计要求及组装质量标准进行全面检查，并及时纠正偏差。

（2）浇筑混凝土

滑模宜浇筑低流动性或半干硬性混凝土，浇筑时应分层、分段地对称进行，分层厚度以200～300 mm为宜，浇筑后混凝土表面距模板上缘宜有100～150 mm的距离。混凝土入模时，要均匀分布，应采用插入式振动器捣固，振捣时应避免触及钢筋模板，振动器插入一层混凝土的深度不得超过50 mm。脱模时混凝土强度应为0.2～0.5 MPa，以防在其自重压力下坍塌变形。为此，可根据气温、水泥标号经试验后选定一定量的早强剂掺入，以加强提升。脱模后8 h左右开始养生，用吊在下吊架上的环绕墩身的带小孔的水管来进行。养生水管一般设在距模板下缘1.8～2.0 m处效果较好。

4.提升与收坡

整个桥墩浇筑过程可分为初次滑升、正常滑升和末次滑升三个阶段。

从开始浇筑混凝土到模板首次试升为初次滑升阶段，初灌混凝土的高度一般为600～700 mm，分3次浇筑，在底层混凝土强度达到0.2～0.4 MPa时即可试升。将所有千斤顶同时缓慢提升50 mm，观察底层混凝土的凝固情况。现场鉴定可用手指按刚脱模的混凝土表面，基本按不动，但留有指痕，砂浆不沾手，用指甲划过有痕，滑升时能耳闻"沙沙"的摩擦声，这些表明混凝土已具备0.2～0.4 MPa的脱模强度，可以开始再缓慢提升200 mm

左右。初升后全面检查设备，即可进入正常滑升阶段，即每浇筑一层混凝土，滑模提升一次，使每次浇筑的厚高与每次提升的高度基本一致。在正常气温条件下，提升时间不宜超过1 h。末次滑升阶段是混凝土已经浇筑到需要高度，不再继续浇筑，但模板尚需继续滑升的阶段。灌完最后一层混凝土后，每隔1~2 h将模板提升50~100 mm，滑动2~3次后即可避免混凝土与模板胶合。滑模提升时应做到垂直、均衡一致，顶架间高差不大于20 mm，顶架和模板水平高差不大于5 mm。

5.接长顶杆、绑扎钢筋

模板每提升至一定高度后，就需要穿插进行顶杆、绑扎钢筋等工作。为不影响提升的时间，钢筋接头均应事先配好，并注意将接头错开。对预埋件及预埋的接头钢筋，滑模抽离后，要及时清理周围残渣，使之外露。

6.混凝土停工后的处理

在整个施工过程中，由于工序的改变或发生意外事故，使混凝土的浇筑工作停止较长的时间，即需要进行停工处理。例如，每隔半小时左右稍微提升模板一次，以免黏结；停工时在混凝土表面要插入短钢筋等，以加强新老混凝土的黏结；复工时还需要将混凝土表面凿毛，并用水冲走残渣，湿润混凝土表面，灌注一层厚度为20~30 mm的1∶1水泥砂浆，然后再浇筑原配合比的混凝土，继续滑模施工。

第二节　桥梁上部结构施工技术

一、桥梁上部结构装配式施工技术

（一）先张法预制梁板

1.台座

台座是先张法施工的主要设备之一，承受预应力钢筋的全部张拉力，它应有足够的强度和稳定性，以免台座变形、倾覆、滑移而引起预应力损失。台座由一个框架（两根固定横梁和两根受压柱构成）和两根活动横梁组成，固定和活动横梁间设置千斤顶，预应力钢筋两端用工具锚固在活动横梁的锚固板上。千斤顶顶起活动横梁，使预应力筋受张拉。全部张拉力由框架承受。

2.模板工程

预制梁的模板是施工过程的临时结构，它不仅关系到预制梁尺寸的精度，而且对工程质量、施工进度和工程造价有直接的影响。

预制梁的模板通常按材料分类，有钢模板、木模板、土木组合模、土模以及钢木组合模等数种模板。预制工厂常采用钢模板和钢木结合的模板。

模板在制作时，应保证表面平整，转角光滑，连接孔配合准确。对于钢模要考虑焊缝收缩对长度的影响，对于木模要考虑在构造上采取措施以防漏浆。模板的组装可在工作平台上进行，底模在制作时需考虑预制梁的预拱度。

模板的安装应与钢筋工作配合进行。在底模整平以及钢筋骨架安装后，安装侧模板和端模板，也可先安装端模，后安装侧模板。模板安装的精度要高于预制梁的精度要求。每次模板安装完成后需通过验收合格后，方可进入下一道工序。

模板分为底模、侧模、端模和内模。底模支承在底座上或设置在流水台车上，可用12~16 mm厚的钢板制成。将先张台座的混凝土底板作为预制构件的底模，要求地基不产生非均匀沉陷，底板制作必须平整光滑、排水畅通，预应力筋放松，梁体中段拱起，两端压力增大，梁位端部的底模应满足强度要求和重复使用的要求。底模在构造上应注意设置底模与侧模、底模与端模以及底模接长的联系构件。此外，还应在底模与台座之间设置减振垫。

侧模由侧板、水平加劲肋、斜撑等构件组成。侧模板一般采用4~8 mm厚钢板。侧模板在构造上应考虑悬挂振捣器的构件，要加强侧模间的连接构造，并需设置拆模板的设施。先张法制作预应力板梁，预应力钢筋放松后板梁压缩量为1%左右。为保证梁体外形尺寸准确，侧模制作要增长1%。

端模设置在梁的两端，安装时连接在侧模上，用于形成梁端形状。端模预应力筋孔的位置要准确，安装后与定位板上对应的力筋孔要求均在一条中心线上。由于施工中实际上存在偏差，力筋张拉时的筋位有移动，制作时端模力筋孔径可按力筋直径扩大2～4 mm，力筋孔水平向还可做成椭圆形。

内模是空心截面梁、板的预制关键，其结构形式直接影响到制作是否经济、拆装是否方便、周转率高低等问题。

3.预应力筋的张拉

预应力钢筋通常采用高强钢丝、钢绞线和精轧螺纹钢筋。

预应力混凝土预制梁制造过程中，张拉预应力筋、对梁施加预应力是一项十分重要的工作。施加预应力过多或不足都会影响梁的预制质量，必须按设计要求，准确地施加预应力。

先张法梁的预应力筋是在底模整理后，在台座上张拉已加工好的预应力筋。

先张法梁通常一端张拉，另一端在张拉前要设置好固定装置或安放好预应力筋的放松装置。张拉前，应先在端横梁上安装预应力筋的定位钢板，同时检查其孔位和孔径是否符合设计要求。之后在台座安装预应力筋，穿钢筋不能刮碰掉台面上的隔离剂。安装张拉设备时，应使张拉力的作用线与钢筋中心线一致。张拉时应采用应力与伸长值双控制，如发现伸长值异常，应停止张拉，查明原因。此外，在张拉过程中要十分重视施工安全。

4.预应力混凝土的配料与浇筑

混凝土工程质量好坏是保证混凝土能否达到设计强度等级的关键，将直接影响钢筋混凝土结构的强度和耐久性。

5.预应力筋的放松

当混凝土强度达到设计强度的70%～80%以后，可在台座上放松受拉预应力筋，对预制梁施加预应力。放松过早会造成较多的预应力损失（主要是收缩、徐变损失），放松过度则影响台座和模板的周转。放松操作时速度不应过快，尽量使构件受力对称均匀。只有待预应力筋被放松后才能切割每个构件端部的钢筋。

放松预应力钢筋的方法有：用千斤顶先拉后松、沙箱放松、滑楔放松和螺杆放松等方法，用得较多的是千斤顶放松。

采用千斤顶放松，是在混凝土达到规定强度后，再安装千斤顶重新张拉钢筋，施加的应力不应超过原有的张拉控制应力，之后将固定在横隔梁定位板前的双螺帽慢慢旋动后，再将千斤顶回油，让钢筋慢慢放松，使构件均匀对称受力。当逐根放松预应力筋时，应严格按有利于梁受力的次序分阶段进行。通常自构件两侧对称地向中心放松，以免较后一根钢筋断裂时使梁承受大的水平弯曲冲击作用。

（二）后张法预制梁板

①按施工需要规划预制场地，整平压实，完善排水系统，确保场内不积水。②根据预制梁的尺寸、数量、工期，确定预制台座的数量、尺寸，台座用表面压光的梁（板）筑成，应坚固不沉陷，确保底模沉降不大于2 mm，台座上铺钢板底模或用角钢镶边代作底模。当预制梁跨大于20 m时，要按规定设置反拱。③根据需要及设备条件，选用塔吊或跨梁龙门吊作吊运工具，并铺设轨道。④统筹规划梁（板）拌和站及水、电管路的布设安装。⑤预制模板由钢板、型钢组焊而成，应有足够的强度、刚度和稳定性，尺寸规范、表面平整光洁、接缝紧密、不漏浆，试拼合格后，方可投入使用。⑥在绑扎工作台上将钢筋绑扎焊接成钢筋骨架，把制孔管按坐标位置定位固定，如使用橡胶抽拔管要插入芯棒。⑦用龙门吊机将钢筋骨架吊装入模，绑扎隔板钢筋，埋设预埋件，在孔道两端及最低处设置压浆孔，在最高处设排气孔，安设锚垫板后，先安装端模，再安装涂有脱模剂的钢侧模，统一紧固调整和必要的支撑后交验。⑧将质量合格的梁（板）用专用设备运输，卸入吊斗，由龙门吊从梁的一端向另一端，水平分层，先下部捣实后再腹板、翼板，浇筑至接近另一端时改从另一端向相反方向顺序下料，在距梁端3～4 m处浇筑合龙，一次整体浇筑成型。当梁高跨长，或混凝土拌制跟不上浇筑进度时，可采用斜层浇筑，或纵向分段，水平分层浇筑。⑨梁（板）的振捣以紧固安装在侧模上的附着式为主，插入式振捣器为辅。振捣时要掌握好振动的持续时间、间隔时间和钢筋密集区的振捣，力求使梁（板）达到最佳密实度而又不损伤制孔管道。⑩梁（板）混凝土浇筑完成后要将表面抹平、拉毛，收浆后适时覆盖，洒水湿养不少于7 d，蒸汽养护恒温不宜超过80 ℃，也可采用喷洒养护剂。

（三）预制梁的架设方法

1.联合架桥机法

以联合架桥机并配备若干滑车、千斤顶、绞车等辅助设备架设安装的预制梁适用于多孔30 m以下孔径的装配式桥梁。

2.双导梁穿行式架设法

双导梁穿行式架设法是在架设跨间设置两组导梁。导梁是用贝雷梁或万能构件组装的钢桁架，其梁长大于两倍桥梁跨径，前方为引导部分，由前端钢支架与前方墩上的预埋螺栓连接，中段是承重部分，后段为平衡部分。导梁顶面铺设小平车轨道，预制梁由平车在导梁上运至桥孔，由设在两根横梁上的卷扬机吊起，下落在两个桥墩上，之后在滑道垫板上进行横移就位。先安装两个边梁，再安装中间各梁。全跨安装完毕、横向焊接后，将导梁向前推，安装下一跨。

3.扒杆架设法

扒杆架设法又称吊鱼架设法，是利用人字扒杆来架设桥梁上部结构构件，而不需要特殊的脚手架或木排架。

人字扒杆分为一副扒杆架设和两副扒杆架设两种。两副扒杆架设中，一副是吊鱼滑车组，用以牵引预制梁悬空拖曳；另一绞车牵引前进，梁的尾端设有制动绞车，起溜绳配合作用。后扒杆的主要作用是预制梁吊装就位时，配合前扒杆吊起梁端，抽出木垛，便于落梁就位。一副扒杆架设中，基本方法与两副扒杆架设相同，不同之处是采用千斤顶顶起预制梁，抽出木垛，落梁就位。

4.自行式吊车架梁

在桥不高、场内又可设置行车便道的情况下，用自行式吊车（汽车吊车或履带吊车）架设中、小跨径的桥梁十分方便。此法视吊装质量不同，还可采用单吊（一台吊车）或双吊（两台吊车）两种形式。自行式吊车特点是机动性好，不需要动力设备，不需要准备作业，架梁速度快。其吊装能力为150～1000 kN，适合于陆地架设。

5.跨墩门式吊车架梁

跨墩龙门吊机安装适用于岸上和浅水滩以及不通航浅水区域安装预

制梁。

两台跨墩龙门吊机分别设于待安装孔的前、后墩位置，预制梁由平车顺桥向运至安装孔的一侧，移动跨墩龙门吊机上的吊梁平车，对准梁的吊点放下吊架，将梁吊起。当梁底超过桥墩顶面后，停止提升，用卷扬机牵引吊梁平车慢慢横移，使梁对准桥墩上的支座，然后落梁就位，接着准备架设下一根梁。

6.浮吊架设法

在海上和深水大河上修建桥梁时，用可回转的伸臂式浮吊架梁比较方便，也可用钢制万能杆件或贝雷钢架拼装固定的悬臂浮吊进行。这种架梁方法高空作业较少，施工比较安全，吊装能力也大，工效也高，但需要大型浮吊。鉴于浮吊船来回运梁航行时间长，要增加费用，一般采用装梁船存梁后成批一起架设的方法。

二、桥梁上部结构支架施工技术

（一）模板、支架、拱架的类型

1.模板

施工所用模板，有组合钢模板、木模板、木胶合板模板、竹胶合板模板、硬铝模板、塑料模板、各类纤维材料模板。施工时应根据结构物的外观要求选用。

2.支架

支架按其构造分为立柱式支架、梁式支架和梁柱式支架，按材料可分为木支架、钢支架、钢木混合支架和万能杆件拼装的支架等。

3.拱架

拱架按结构分为支柱式、撑架势、扇形、衍式、组合式等，按材料分为木拱架、钢拱架、竹拱架和土牛拱胎。

（二）模板、支架和拱架的设计

1.设计的一般要求

（1）模板、支架和拱架的设计，应根据结构形式、设计跨径、施工组织设计、荷载大小、地基土类别及有关的设计、施工规范进行。

（2）应绘制模板、支架和拱架总装图、细部构造图。

（3）应制定模板、支架和拱架结构的安装、使用、拆卸保养等有关技术安全措施和注意事项。

（4）应编制模板、支架及拱架材料数量表。

（5）应编制模板、支架及拱架设计说明书。

2.设计荷载

（1）计算模板、支架和拱架时，应考虑荷载并按要求进行荷载组合：①模板、支架和拱架自重。②新浇筑混凝土、钢筋混凝土或其他房工结构物的重力。③施工人员和施工材料、机具等行走运输或堆放的荷载。④振捣混凝土时产生的荷载。⑤新浇筑混凝土对侧面模板的压力。⑥倾倒混凝土时产生的水平荷载。⑦其他可能产生的荷载，如雪荷载、冬季保温设施荷载等。

（2）钢、木模板，支架及拱架的设计可按公路钢结构桥梁设计规范的有关规定执行。

（3）计算模板、支架和拱架的强度和稳定性时，应考虑作用在模板、支架和拱架上的风力。设于水中的支架，尚应考虑水流压力、流冰压力和船只漂流物等冲击力荷载。

（4）组合箱形拱，如为就地浇筑，其支架和拱架的设计荷载可只考虑承受拱肋重力及施工操作时的附加荷载。

3.稳定性要求

（1）支架的立柱应保持稳定，并用撑拉杆固定。当验算模板及其支架在自重和风荷载等作用下的抗倾倒稳定时，验算倾覆的稳定系数不得小于1.3。

（2）支架受压构件纵向弯曲系数应符合公路钢结构桥梁设计规范的要求。

（三）模板、支架和拱架的制作及安装

1.钢模板制作

（1）钢模板宜采用标准化的组合模板。组合钢模板的拼装应符合现行国家标准。各种螺栓连接件应符合国家现行有关标准。

（2）钢模板及其配件应按批准的加工图加工，成品经检验确认合格后方可使用。

2.木模板制作

（1）木模可在工厂或施工现场制作，木模与混凝土接触的表面应平整、光滑，多次重复使用的木模应在内侧加钉薄铁皮。木模的接缝可做成平缝、搭接缝或企口缝。当采用平缝时，应采取措施防止漏浆。木模的转角处应加嵌条或做成斜角。

（2）重复使用的模板应始终保持其表面平整、形状准确，不漏浆，有足够的强度和刚度。

3.模板安装的技术要求

（1）模板与钢筋安装工作应配合进行，妨碍绑扎钢筋的模板应待钢筋安装完毕后安设。模板不应与脚手架连接（模板与脚手架整体设计时除外），避免引起模板变形。

（2）安装侧模板时，应防止模板移位和凸出。基础侧模可在模板外设立支撑固定，墩、台、梁的侧模可设拉杆固定。浇筑在混凝土中的拉杆，应按拉杆拔出或不拔出的要求，采取相应的措施。对小型结构物，可使用金属线代替拉杆。

（3）模板安装完毕后，应对其平面位置、顶部标高、节点联系及纵、横向稳定性进行检查，签认后方可浇筑混凝土。浇筑时，发现模板有超过允许偏差变形值的可能时，应及时纠正。

（4）模板在安装过程中，必须设置防倾覆设施。

（5）当结构自重和汽车荷载（不计冲击力）产生的向下挠度超过跨径的1/1600时，钢筋混凝土梁、板的底模板应设预拱度，预拱度值应等于结构自重和1/2汽车荷载（不计冲击力）所产生的挠度。纵向预拱度可做成抛物线或圆曲线。

（6）后张法预应力梁、板，应注意预应力、自重和汽车荷载等综合作用下所产生的上拱或下挠，应设置适当的预挠或预拱。

（7）当所有和模板有关的工作完成，待浇混凝土构件中所有预埋件亦安装完毕，才能浇筑混凝土。这些工作应包括清除模板中所有污物、碎屑物、木屑、水及其他杂物。

4.支架、拱架制作安装

支架、拱架制作安装一般要求：

（1）支架和拱架应采用标准化、系列化、通用化的构件拼装。无论使用何种材料的支架和拱架，均应进行施工图设计，并验算其强度和稳定性。

（2）制作木支架、木拱架时，长杆件接头应尽量减少，两相邻立柱的连接接头应尽量分设在不同的水平面上。主要压力杆的纵向连接，应使用对接法，并用木夹板或铁夹板夹紧。次要构件的连接可用搭接法。

（3）安装拱架前，对拱架立柱和拱架支承面做详细检查，准确调整拱架支承面和顶部标高，并复测跨度，确认无误后方可进行安装。各片拱架在同一节点处的标高应尽量一致，以便于拼装平联杆件。在风力较大的地区，应设置风缆。

（4）支架和拱架应稳定、坚固，应能抵抗在施工过程中有可能发生的偶然冲撞和振动。

（5）支架或拱架安装完毕后，应对其平面位置、顶部标高、节点连接及纵、横向稳定性进行全面检查，符合要求后，方可进行下一工序。

（6）在浇筑混凝土及砌筑拱圈过程中，承包人应随时测量和记录支架和拱架的变形及沉降量。

（7）现浇混凝土的梁（板）结构，在支架架设后，应按图纸要求对支架进行预压，加在支架上的预压荷载应不小于梁（板）自重。

5.中小跨径的空心板制作时所使用的芯模应符合的要求

（1）充气胶囊在使用前应经过检查，不得漏气，安装时应有专人检查钢丝头，钢丝头应弯向内侧，胶囊涂刷隔离剂。每次使用后，应妥善存放，防止污染、破损及老化。

（2）从开始浇筑混凝土到胶囊放气时止，其充气压力应保持稳定。

（3）浇筑混凝土时，为防止胶囊上浮和偏位，应采取有效措施加以固定，并应对称平衡地进行浇筑。

（4）胶囊的放气时间应经试验确定，混凝土强度能达到保持构件不变形为宜。

（5）木芯模使用时应防止漏浆和采取措施便于脱模。要控制好拆除芯模的时间，过早易造成混凝土塌落，过晚拆模困难。应根据施工条件通过试验确定拆除时间。

（6）钢管芯模应由表面匀直、光滑的无缝钢管制作，混凝土终凝后，即可将芯模轻轻转动，然后边转动边拔出。

（7）充气胶囊芯模在工厂制作时，应规定充气变形值，保证制作误差不大于设计规定的误差要求。

（四）模板、支架和拱架的拆除

承包人应在拟定拆模时间的12 h以前，报告拆模建议，并应取得同意。避免出现由于拆模不当而引起混凝土损坏。卸落拱架时应用仪器观测拱圈挠度和墩台变位情况，并做好记录。

1.拆除期限的原则规定

（1）模板、支架和拱架的拆除期限

应根据结构物特点、模板部位和混凝土所达到的强度来决定。

①非承重侧模板应在混凝土强度能保证其表面及棱角不致因拆模而受损坏时方可拆除，一般应在混凝土抗压强度达到2.5 MPa时方可拆除侧模板。

②芯模和预留孔道内模，应在混凝土强度能保证其表面不发生塌陷和裂缝现象时，方可拔除，拔除时间按相关规定确定。

③钢筋混凝土结构的承重模板、支架和拱架，应在混凝土强度能承受其自重力及其他可能的叠加荷载时，方可拆除。当构件跨度不大于4 m时，在混凝土强度符合设计强度标准值的50%的要求后方可拆除，当构件跨度大于4 m时，在混凝土强度符合设计强度标准值的75%的要求后方可拆除。

如设计上对拆除承重模板、支架、拱架另有规定，应按照设计规定执行。

（2）石拱桥的拱架卸落时间应符合的要求

①浆砌石拱桥，须待砂浆强度达到设计要求，或如设计无要求，则须达到砂浆强度的70%。

②跨径小于10 m的小拱桥，宜在拱上建筑全部完成后卸架；中等跨径

的实腹式拱，宜在护拱砌完后卸架；大跨径空腹式拱，宜在拱上小拱横墙砌好（未砌小拱圈）时卸架。

③当需要进行裸拱卸架时，应对裸拱进行截面强度及稳定性验算，并采取必要的稳定措施。

2.拆除时的技术要求

模板拆除应按设计的顺序进行，设计无规定时，应遵循先支后拆，后支先拆的顺序，拆时严禁抛扔。

为便于支架和拱架的拆卸，应根据结构形式、承受的荷载大小及需要的卸落量，在支架和拱架适当部位设置相应的木楔、木马、砂筒或千斤顶等落模设备。

卸落支架和拱架应按拟定的卸落程序进行，分几个循环卸完，卸落量开始宜小，以后逐渐增大。在纵向应对称、均衡卸落，在横向应同时一起卸落。在拟定卸落程序时应注意以下几点：

（1）在卸落前应在卸架设备上画好每次卸落量的标记。

（2）满布式拱架卸落时，可从拱顶向拱脚依次循环卸落。拱式拱架可在两支座处同时均匀卸落。

（3）简支梁、连续梁宜从跨中向支座依次循环卸落。悬臂梁应先卸挂梁及悬臂的支架，再卸无铰跨内的支架。

（4）多孔拱桥卸架时，若桥墩允许承受单孔施工荷载，可单孔卸落，否则应多孔同时卸落，或各连续孔分阶段卸落。

（5）卸落拱架时，应设专人用仪器观测拱圈挠度和墩台变化情况，并详细记录，另设专人观察是否有裂缝现象。

墩、台模板宜在其上部结构施工前拆除。拆除模板，卸落支架和拱架时，不允许用猛烈的敲打和强扭等方法进行。

支架和拱架拆除后，应维修整理，分类妥善存放。

（五）施工工序

1.地基处理

地基处理应根据箱梁的断面尺寸及支架的形式对地基的要求而决定，支架的跨径大，对地基的要求就高，地基的处理形式就得加强，反之就可相对减弱。地基处理时要做好地基的排水，防止雨水或混凝土浇筑和养护过程中滴水对地基的影响。

2.支架

（1）支架的布置根据梁截面大小并通过计算确定以确保强度、刚度、稳定性满足要求，计算时除考虑梁体混凝土质量外，还需考虑模板及支架质量，施工荷载（人、料、机等），作用模板、支架上的风力，及其他可能产生的荷载（如雪荷载、保证设施荷载）等。

（2）支架应根据技术规范的要求进行预压，收集支架、地基的变形数据，作为设置预拱度的依据，预拱度设置时要考虑张拉上拱的影响。预拱度一般按两次抛物线设置。

（3）支架的卸落设备可根据支架形式选择使用木楔、砂筒、千斤顶、U形顶托等，卸落设备尤其要注意有足够的强度。

3.模板

模板由底模、侧模及内模三个部分组成，一般预先分别制作成组件，在使用时再进行拼装。模板以钢模板为主，在齿板、堵头或棱角处采用木模板。模板的楞木采用方钢、槽钢或方木组成，布置间距以75 cm左右为宜，具体的布置需要根据箱梁截面尺寸确定，并通过计算对模板的强度、刚度进行验算。

4.普通钢筋、预应力筋的布设

（1）在安装并调好底模及侧模后，开始底、腹板普遍钢筋绑扎及预应力管道的预设。混凝土一次浇筑时，在底、腹板钢筋及预应力管道完成后，安装内模，再绑扎顶板钢筋及预应力管道。混凝土二次浇筑时，底、腹板钢筋及预应力管道完成后，浇筑第一次混凝土，混凝土终凝后，再支内模顶板，绑扎顶板钢筋及预应力管道，进行混凝土的第二次浇筑。

（2）普通钢筋及预应力筋按规范的要求做好各种试验，严格按设计图纸的要求布设。对于腹板钢筋一般根据其起吊能力，预先焊成钢筋骨架，吊装后再绑扎或焊接成型，钢筋绑扎、焊接要符合技术规范的要求。

（3）预应力管道采用镀锌钢带制作，预应力管道的位置按设计要求准确布设，并采用每隔50 cm一道的定位筋进行固定，接头要平顺，外用胶布缠牢，在管道的高点设置排气孔。

（4）锚垫板安装前，要检查锚垫板的几何尺寸是否符合设计要求，锚垫板要牢固地安装在模板上，要使垫板与孔道严格对中，并与孔道端部垂直，不得错位。

（5）预应力筋的下料长度要通过计算确定，计算应考虑孔道曲线长、锚夹具长度、千斤顶长度及外露工作长度等因素。

（6）预应力筋穿束前要对孔道进行清理。

5.混凝土的浇筑

浇筑施工前，应做混凝土的配合比设计及各种材料试验，并根据实际情况进行综合比较确定，箱梁混凝土采用一次、两次或三次浇筑。以下两点施工中应给予重视。

（1）混凝土浇筑时要安排好浇筑顺序，浇筑速度要确保下层混凝土初凝前覆盖上层混凝土。

（2）混凝土的振捣采用插入式振捣器进行，振捣器的移动间距不超过其作用半径的1.5倍，并插入下层混凝土5~10 cm。对于每一个振捣部位，必须振捣到该部位混凝土密实为止，但也不得超振。

6.预应力的张拉

（1）在进行张拉作业前，必须对千斤顶、油泵进行配套标定，并每隔一段时间进行一次校验。有几套张拉设备时，要进行编组，不同组号的设备不得混合。

（2）当梁体混凝土强度达到设计规定的张拉强度时，方可进行张拉。

（3）预应力的张拉采用双控，即以张拉力控制为主，以钢束的实际伸长量进行校核，实测伸长值与理论伸长值的误差不得超过规范要求，否则应停止张拉。

（4）拉的程序按技术规范的要求进行。

（5）张拉过程中的断丝、滑丝不得超过规范或设计的规定。

7.压浆、封锚

（1）张拉完成后要尽快进行孔道压浆和封锚，压浆所用灰浆的强度、稠度、水灰比、泌水率、膨胀剂剂量按施工技术规范及试验标准中要求控制。

（2）每个孔道压浆到最大压力后，应有一定的稳定时间。压浆应使孔道另一端饱满和出浆。并使排气孔排出与规定稠度相同的水泥浓浆为止。

（3）压浆完成后，应将锚具周围冲洗干净并凿毛，设置钢筋网，浇筑封锚混凝土。

三、桥梁上部结构逐孔施工技术

（一）概述

逐孔施工法从施工技术方面有三种类型。

1.采用临时支承组拼预制节段逐孔施工

对于多跨长桥，在缺乏较大能力的起重设备时，可将每跨梁分成若干段，在预制现场生产。架设时采用一套支承梁临时承担组拼节段的自重，并在支承梁上张拉预应力筋，并安装跨梁与移动临时支承梁，进行下一桥的施工。

2.使用移动支架逐孔现浇施工

此法亦称移动模梁法，它是在可移动的支架、模板上完成一孔桥梁的全部工序。由于此法是在桥位上现浇施工，可免去大型运输和吊装设备，桥梁整体性好。同时它还具有在桥梁预制厂生产的特点，可提高机械设备的利用率和生产效率。

3.采用整孔吊装或分段吊装逐孔施工

这种施工方法是早期连续梁桥采用逐孔施工的唯一方法，可用于混凝土连续梁和钢连续梁桥的施工中。

（二）用临时支承组拼预制节段逐孔施工的要点

1.节段划分

（1）桥墩顶节段

由于桥墩节段要与前一跨连接，需要张拉钢索或钢索接长，为此对墩顶节段构造有一定要求。此外，在墩顶处桥梁的负弯矩较大，梁的截面还要符合受力要求。

（2）标准节段

前一跨墩顶节段与安装跨第一节段间可以设置就地浇筑混凝土封闭接

缝，用以调整安装跨第一节段的准确程度。封闭接缝宽15～20 cm，拼装时由混凝土垫块调整。在施加初预应力后用混凝土封填，这样可调整节段拼装和节段预制的误差。

2.支承梁

（1）钢桁架导梁

钢梁应设置预拱度，要求当每跨箱梁节段全部组拼之后，钢导梁上弦应符合桥梁纵断面标高要求。同时还需准备一些附加垫片，用于临时调整标高。

（2）下挂式高架钢桁架

在节段组拼过程中，架桥机前臂必然下挠，安装桥跨第一块中间节段的挠度倾角调整是该跨架安设的关键，因此要求当一跨节段全部由架桥机空中吊起后，第一个中间节段与墩上节段的接触面应全部吻合。

（三）用移动支架逐孔现浇施工（移动模架法）

当桥墩较高，桥跨较长或桥下净空受到约束时，可以采用非落地支承的移动模架逐孔现浇施工，称为移动模架法。移动模架法适用于多跨长桥，桥梁跨径可达50 m，使用一套设备可多次移动周转使用。

移动模架法施工的主要工序：侧模安装就位、安装底模、支座安装、预拱度设置与模板调整、绑扎底板及腹板钢筋、预应力系统安装、内模就位、顶板钢筋绑扎、箱梁混凝土浇筑、内模脱模、施加预应力、管道压浆、落模、拆底模及滑模纵移。

（四）整孔吊装或分段吊装逐孔施工

1.整孔吊装或分段吊装逐孔施工的吊装机具

吊装机具有衍式吊、浮吊、龙门起重机、汽车吊等多种，可根据起吊物重力、桥梁所在的位置以及现有设备和掌握机具的熟练程度等因素决定。

2.整孔吊装和分段吊装施工应注意以下几个问题：

（1）采用分段组装逐孔施工的接头位置可以设在桥墩处也可设在梁的1/5附近，前者多为由简支梁逐孔施工连接成连续梁桥；后者多为悬臂梁转换为连续梁。在接头位置处可设有0.5~0.6 m现浇混凝土接缝，当混凝土达到足够强度后张拉预应力筋，完成连续。

（2）桥的横向是否分隔，主要根据起重能力和截面形式确定。当桥梁较宽，起重能力有限的情况下，可以采用T梁或工字梁截面，分片架设之后再进行横向整体化。为了加强桥梁的横向刚度，常采用梁间翼缘板有0.5 m宽的现浇接头。采用大型浮吊横向整体吊装将会简化施工和加快安装速度。

（3）对于先简支后连续的施工方法，通常在简支梁架设时使用临时支座，待连接和张拉后期钢索完成连续时拆除临时支座，放置永久支座。为使临时支座便于卸落，可在橡胶支座与混凝土垫块之间设置一层硫磺砂浆。

（4）在梁的反弯点附近设置接头，在有可能的情况下，可在临时支架上进行接头。桥梁上部结构各截面的恒载内力根据各施工阶段进行内力叠加计算。

四、桥梁上部结构悬臂施工技术

（一）悬臂拼装施工

1.概述

悬臂拼装施工包括块件的预制、运输、拼装及合龙。它与悬浇施工具有相同的优点，不同之处在于悬拼以吊机将预制好的梁段逐段拼装。此外还具备以下优点：

（1）梁体的预制可与桥梁下部构造施工同时进行，平行作业缩短了建桥周期。

（2）预制梁的混凝土龄期比悬浇法的长，从而减少了悬拼成梁后混凝土的收缩和徐变。

（3）预制场或工厂化的梁段预制生产利于整体施工的质量控制。

2.悬拼法施工方法

梁段预制方法分长线法及短线法。

（1）长线法

组成梁体的所有梁段均在固定台座上的活动模板内浇筑且相邻段的拼合面应相互贴合浇筑，缝面浇筑前涂抹隔离剂，以利脱模。优点是由于台座固定、可靠成桥后梁体线性较好，缺点是占地较大，地基要求坚实，混凝土的浇筑和养护移动分散。长线法施工工序：预制场、存梁区布置→梁段浇筑台座准备→梁段浇筑→梁段吊运存放、修整→梁段外运→梁段吊拼。

（2）短线法

梁段在固定台座能纵移的模内浇筑。待浇梁段一端设固定模架，另一端为已浇梁段（配筑梁段），浇毕达到强度后运出原配筑梁段，如此周而复始，台座仅需3个梁段长。优点是场地较小，浇筑模板及设备基本不需要移机，可调的底、侧模便于平竖曲线梁段的预制，缺点是精度要求高，施工要求严，施工周期相对较长。

（二）梁段的拼接施工

1.0号块梁段

为了确保连续梁分段悬拼施工的平衡和稳定，常将T构支座临时固结，必要时在墩两侧加设临时支架以满足悬拼的施工需要。

2.1号块梁段

1号块梁段是紧邻0号块梁段两侧的第一箱梁节段，也是悬拼T构桥的基准梁段，是全跨安装质量的关键，一般采用湿接缝连接。湿接缝拼装梁段施工程序包括：吊机就位→提升、起吊1号块梁段→安设铁皮管→中线测量→丈量湿接缝的宽度→调整铁皮管→高程测量→检查中线→固定1号块梁段→安装湿接缝的模板→浇筑湿接缝混凝土→湿接缝养护、拆模→张拉预应力筋→下一梁段拼装。

3.其他梁段拼装

采用胶接缝拼装，拼装施工程序包括：吊机就位→起吊梁段→初步定位试拼→检查并处理管道接头→移开梁段→穿临时预应力筋入孔→接缝面上涂胶接材料→正式定位、贴紧梁段→张拉临时预应力筋→放松起吊索→穿永久预应力筋→张拉预应力筋后移挂篮→下一梁段拼装。

（三）预制梁块悬臂拼装时应注意的要点

1.梁段的存放场地要求应平整，承载力应满足要求，支垫位置应与吊点一致。

2.预制梁块的测量要求：①箱梁基准块出坑前必须对所有梁块进行测量，详细记录，并根据其在桥上的设计位置进行校正。②箱梁标高控制点和挠度观测点，在箱梁顶面埋置4～6个。③在预制梁段上标出梁号、中轴线、横轴线。

3.预制块件的悬臂拼装可依据设备和现场条件选用。若方便在陆地上或在便桥上施工时，可采用自行式吊车、门式吊车进行拼装；对于水中桥跨，可采用水上浮吊进行安装；对于高墩身的桥跨，可利用各种吊机进行高空悬拼施工。

4.桥墩顶梁段及桥墩顶附近梁段施工时，可采用托架或膺架为支架就地浇筑混凝土。托架或膺架应经过设计，计算其弹性及非弹性变形。

5.应保证拼装的第一个梁块（基准块）的预制精度，安装时应对纵、横轴线、高程进行精确定位测量，为以后的拼装创造条件。

6.采用悬臂拼装法修建预应力悬臂梁桥时，应先将梁、墩临时锚固或在墩顶两侧设立临时支承，待全部块件安装完毕后，再撤除临时锚固或支承。

7.采用悬臂吊机、缆索、浮吊悬拼安装时，应按施工荷载进行强度、刚度、稳定性验算，使安全系数大于2.0。

8.对于非0号、1号块件的拼装，一般应在接缝上设置定位桦齿或钢定位器。

9.采用胶接缝拼装的块件，涂胶前应进行试拼。胶黏剂一般采用环氧树脂，使用前应经过试验，符合设计要求方可使用。

10.湿接缝块件应待混凝土强度达到设计强度等级的70%以上时（设计文件如有要求，则按设计文件要求处理，但不能低于设计强度等级的70%），才能张拉预应力束。

11.体系转换应按设计顺序进行。

第三节　桥梁桥面系的施工技术

一、桥面铺装层施工

（一）沥青混凝土桥面铺装

1.大中型水泥混凝土桥桥面铺筑的沥青铺装层，应满足与混凝土桥面的黏结、防止渗水、抗滑及有较高抵抗振动变形的能力等功能要求，并设置有效的桥面排水系统。

2.铺装沥青层的下卧层必须符合平整、粗糙、整洁的要求，桥面纵、横坡符合要求。

3.水泥混凝土桥面板表面应作铣刨拉毛处理，清除浮浆，除去过高的突出部位。

4.铺设桥面必须确保混凝土完全干燥，严禁在潮湿条件下铺设防水黏结层及摊铺沥青混合料，防止混凝土中的水分在施工或使用过程中遇热变成水汽使防水黏结层产生鼓包。

5.喷洒沥青或改性沥青类桥面防水黏结层的施工应符合下列要求：

①整个铺筑过程直至铺设石屑保护层前严禁包括行人在内的一切交通；②不洒黏层油，直接分2～3层喷洒或人工涂刷热沥青、热融或溶剂稀释的改性沥青、改性乳化沥青的防水黏结层，必须均匀一致，且达到要求的厚度；③喷洒防水层黏结后应立即撒一层洁净的尺寸为3～5 mm的石屑作保护层，并用6～8 t轻型压路机以较慢的速度碾压。

6.桥面铺装的复压宜采用轮胎压路机或钢筒式压路机进行，经试验或经验证明不致损坏桥梁结构时，也可采用振动压路机碾压。

7.必要时采用改性沥青。

8.桥面铺装时，土石方路基和桥头塔板上的路面应连接平顺，采取措施预防桥头跳车。

（二）水泥混凝土桥面铺装

1.钢筋混凝土桥面铺装

（1）桥面和搭板钢筋网的加工、焊接和安装的质量要求，应符合规定

①所有桥梁、通道钢筋混凝土桥面铺装层均应在梁板混凝土顶面安装锚固架立钢筋，再将钢筋网与锚固架立钢筋相焊接；锚固架立钢筋应有4~8根/m，在梁端或支座部位剪应力较大处取大值；反之，可取小值。桥面铺装层钢筋网应使用焊接网或预制冷轧带肋钢筋网，不宜使用绑扎钢筋网。

②钢筋混凝土桥面极限最薄厚度不得小于90 mm。桥面铺装层钢筋网不得贴梁板顶面，也不得使用非锚固钢筋网支架和砂浆垫块。

③采用双层钢筋网一次铺装时，除底层钢筋网应与梁板锚固焊接外，上下层钢筋网亦应焊接。分双层两次铺装的钢筋混凝土桥面，防水找平层中应设置一层钢筋网，横向钢筋位于纵向钢筋之下，横向钢筋直径、数量和间距不宜小于纵向，并应与梁板锚固筋相焊接，上层钢筋网可不与下层钢筋网焊接，但应与锚固在找平层混凝土中的架立钢筋相焊接。上层钢筋网设置应满足抗裂要求，钢筋直径宜细不宜粗；间距宜密不宜疏。

④桥面板应在梁端或负弯矩欲切缝部位，按设计要求使用接缝钢筋补强。桥面接缝补强钢筋的直径不宜小于12 mm，长度不宜小于1.2 m或按负弯矩影响范围确定。

⑤桥面钢筋网应在整个桥面铺装层内连续，不得因铺装宽度不足或停工而切断纵、横向钢筋。

⑥路面与桥涵相接的两条胀缝，一条应位于搭板与过渡板之间；另一条应设在过渡板与普通混凝土路面之间。钢筋混凝土搭板及过渡板端部钢筋应与胀缝钢筋支架相焊接，焊接点不应少于4个/m。也可在双层钢筋混凝土搭板一侧取消胀缝支架，直接利用双层钢筋网，并增加箍筋，箍筋数量不得少于胀缝钢筋支架。

（2）桥面及搭板的机械铺装

①铺装前的施工准备

A.桥面铺装层厚度和配筋应根据设计或经验确定。桥头双层钢筋混凝

土搭板在高速公路、一级公路上与路面相接时，应设置不短于10 m的单层钢筋混凝土过渡板。

B.桥头沉降应基本稳定，桥头搭板可采用双层钢筋网搭板或设枕梁及加强肋的单层钢筋网搭板。前者厚度宜为300~450 mm，后者宜与路面厚度相同，但枕梁和加强肋均应按设计计算配置受力钢筋，其厚度不宜薄于上基层。

C.桥面铺装层和搭板混凝土强度等级不应低于主梁翼缘板。在桥面与路面机械连续摊铺条件下，路面混凝土强度等级不低于桥面铺装层要求时，桥面混凝土配合比可与路面混凝土相同，反之，应按桥面铺装层抗压强度要求设计桥面混凝土配合比。用于桥面铺装的混凝土中不宜掺粉煤灰，但应掺高效减水剂；有抗冰（盐）冻要求时应掺引气（缓凝）高效减水剂；腐蚀环境下宜掺硅灰或磨细矿渣。

D.待铺装的裸梁表面应清洗干净，并具有足够的粗糙度，将平层的表面应进行凿毛或表面缓凝粗糙以做防水处理。

E.用滑模或轨道摊铺机连续铺装桥面前，应验算桥板、翼缘承载能力和桥梁挠度是否满足摊铺机上桥铺装作业的要求。大吨位摊铺机上桥摊铺的挠度及下桥反弹量不宜大于3 mm。

F.桥梁护栏宜在滑模或轨道摊铺机铺装桥面后施工。履带行走或轨道架设在分幅桥梁中空部位、通信井口或裸梁板上时，应采用可靠的加固保护措施。可将滑模摊铺机的履带延伸至另一幅桥面上行走。

G.滑模摊铺机履带上下桥的台阶部位应提前2~3 d铺设混凝土坡道，长度不宜短于钢筋混凝土搭板。

H.桥上的基准线桩可与桥梁上的锚固钢筋暂时焊接固定，间距不大于10 m。滑模连续铺装路面、搭板和桥面时，基准线应连接顺直。

I.轨道摊铺机、三辊轴机组或小型机具铺装桥面时，轨模或模板应采用特制的低矮（轨）模板。不能整幅铺装桥面时，接续摊铺一侧的模板宜使用中空型，以利钢筋穿过，不得用模板将钢筋网压贴到梁板上。搭板的模板可采用路面模板，高程不足时，可提前铺设混凝土底座。路面、搭板和桥面连续铺装时，（轨）模板应连续顺直。

②连续机械铺装

A.滑模和轨道摊铺机应缓慢、匀速、连续不间断地摊铺路面、胀缝、搭板、桥面。设钢筋网的涵洞顶面层的摊铺应与相应钢筋混凝土路面相同。滑模摊铺机上、下桥面，应及时调整侧模高度，使边缘尽量少振动漏料。三辗轴机组铺装桥面时，应与钢筋混凝土路面摊铺要求相同。

B.钢筋混凝土桥面铺装层的铺装厚度应采取双控措施：厚度代表值应满足设计要求；极限最小厚度不应小于设计厚度20 mm。不能同时满足两者要求时，应在保证翼缘板厚度的前提下，凿除突起部分。

C.整体摊铺钢筋混凝土搭板（加枕梁或肋梁）的总厚度不得大于400 mm。超厚部分应人工浇筑并振实底部。

D.应精确放样桥台接缝和伸缩缝位置。铺装前宜在伸缩缝、桥台接缝底部设隔离层，应在桥台接缝处安装稳固的胀缝板。

2.钢纤维水泥混凝土桥面铺装

（1）钢纤维混凝土路面和桥面的厚度、平面尺寸和钢纤维掺量等应符合公路水泥混凝土路面设计规范和设计图纸的规定。

（2）钢纤维混凝土路面的布料与摊铺除应满足滑模、轨道和三辐轴机组摊铺普通混凝土路面的规定外，尚应符合下列规定：①所采用的各种机械布料与摊铺方式，应保证面板内钢纤维分布的均匀性及结构连续性，在一块面板内的浇筑和摊铺不得中断。②布料松铺高度应通过试铺确定。拌和物坍落度相同时，应比相同机械施工方式的普通混凝土路面松铺高度高10 mm左右。③钢纤维混凝上拌和物应与所选定的摊铺方式相适应。

3.钢纤维混凝土路面的振捣与整平

（1）所采用的振捣机械和振捣方式除应保证钢纤维混凝土密实性外，还应保证钢纤维在混凝土中分布的均匀性。

（2）除应满足各交通等级路面平整度要求外，整平后的面板表面不得有裸露上翘的钢纤维，表面10～30 mm深度内的钢纤维应基本处于平面分布状态。

（3）采用滑模摊铺机、轨道摊铺机铺筑钢纤维混凝土路面时，振捣棒组的振捣频率不宜低于10000 r/min，振捣棒组底缘应严格控制在面板表面位置，不得将振捣棒组插入路面钢纤维混凝土内部振捣。

（4）采用三辊轴机组摊铺钢纤维混凝土路面时，不得将振捣棒组插入路面钢纤维混凝土内部振捣，也不得使用人工插捣。可采用大功率平板式振捣器振捣密实，再采用振动梁压实整平。振动梁底面应设凸棱以利表层钢纤维和粗集料压入，然后用三辊轴整平机将表面滚压平整，再用3 m以上刮尺、刮板或抹刀纵、横向精平表面。

（三）钢桥面铺装

1.钢桥面铺装必须具有以下功能性要求：

①能与钢板紧密结合成为整体，变形协调一致。②防水性能良好，防止钢桥面生锈。③具有足够的耐久性和有较小的温度敏感性，满足使用条件下的高温抗流动变形能力、低温抗裂性能、水稳定性、抗疲劳性能、表面抗滑的要求。④与钢板黏结良好，具有足够的抗水平剪切重复荷载及蠕变变形的能力。

2.钢桥面铺装结构通常由防锈层、防水黏结层、沥青面层等组成。

3.涂刷防水层前应对钢板焊缝和吊钩残留物仔细平整，彻底除锈，清扫干燥。

4.钢桥面铺装的防水黏结层必须紧跟防锈层后涂刷，防水黏结层宜采用高黏度的改性沥青、环氧沥青、防水卷材。当采用浇筑式沥青混凝土铺筑桥面铺装时，可不设防水黏结层。

5.钢桥面铺装使用的改性沥青，宜单独提出相应的技术要求。沥青层的压实设备和压实工艺，应通过力学验算并经试验验证，防止钢桥面主体受损。

6.铺设过程中必须保持桥面整洁，不得堆放与施工无关的材料、机械、杂物。

7.钢桥面铺装宜在无雨少雾季节、干燥状态下施工。

二、伸缩缝安装施工

桥梁伸缩装置是为了使车辆平稳通过桥面并满足桥面变形的需要，在桥面伸缩接缝所设置的各种装置的总称。

（一）钢板伸缩装置施工

1.梳形钢板伸缩装置

梳形钢板伸缩装置是由梳形板、锚栓、垫板、锚板、封头板及排水槽等组成，有的还在梳齿之间填塞合成橡胶，以起防水作用。

安装梳形钢板伸缩装置时，首先应按设计高程将锚栓预埋入预留孔内，然后焊接锚板，并调整封头板使之与垫板齐平，最后再安装梳形板和浇筑混凝土。安装程序为：桥面整体铺装→切缝→缝槽表面清理→将构件放入槽内→用定位角铁固定构件位置及高程→布设焊接锚固筋→在混凝土接缝表面涂底料→浇筑树脂混凝土→及时拆除定位角铁→养生→填缝→结束。

2.滑动钢板伸缩装置

滑动钢板伸缩装置，一侧用螺栓锚定牵引板，另一侧搁置在桥台边缘处的角钢上，角钢与牵引板间设置滑板，用钢板的滑动适应结构的伸缩。缝间可填充压缩材料或加设盖板。滑动钢板通过橡胶垫块始终紧压在护缘角钢上，这样既消除了不利的拍击作用，又显著减小了车辆的冲击作用。

（二）橡胶伸缩装置施工

橡胶伸缩装置是指伸缩体采用橡胶构件的伸缩装置。伸缩体所用的橡胶有良好的耐老化、耐气候变化和抗腐蚀的性能。

橡胶伸缩装置有空心板形、W形或M形。这类装置具有构造简单、伸缩性好、防水防尘、安装方便、价格低廉等优点，伸缩量为30~50 mm，一般用于低等级公路的中小桥梁。

1.构造特点

空心板形橡胶伸缩装置，是指利用橡胶富有弹性和耐老化的特性，将其嵌入型钢制成的槽内，使橡胶在气温升降变化时始终保持受压状态的伸缩装置。根据伸缩量的不同，做成两孔或三孔。

2.施工安装程序

（1）安装准备

清理梁端、顶面凿毛、冲洗，各梁伸出不齐者应予以修整，以利设置端模板。

（2）立端模板

两端模板要用小木楔挤紧。木楔横桥向尺寸应尽量小，以使其在梁伸长时能被挤碎，缩短时可自由脱落，模板由下面设法取出。模板应尽量薄，顶端削成45°角，楔子应打入适当深度，使其顶部不阻碍胶条压缩时向下凸变。

（3）左侧型钢定位

将左侧型钢组件焊好后，按设计要求用定位钢筋点焊于架立钢筋上，然后将胶条相互接触的表面进行除锈去油污等清理工作。

（4）涂胶、对合、加压、右侧型钢定位

把右侧型钢与胶条相互接触的表面除锈去油污，并将橡胶伸缩条两侧胶面打毛，然后再涂以202或203胶水，立即对合，用特别夹具加压至计算的安装定位值后，用与左侧同样的方法点焊定位，定位完毕拆除所有夹具。

（5）浇筑混凝土

定位完毕，伸缩装置两侧各浇宽50 cm的C30混凝土，并注意养护。

三、桥面防排水

（一）铺设桥面防水层注意事项

①防水层材料应经过检查，在符合规定标准后方可使用。②防水层通过伸缩缝或沉降缝时，应按设计规定铺设。③防水层应横桥向闭合铺设，底层表面应平顺、干燥、干净，防水层不宜在雨天或低温下铺设。④当水泥混凝土桥面铺装层采用油毛毡或织物与沥青黏合的防水层时，应设置隔断缝。

（二）防水卷材防水层的铺筑应符合的要求

①防水卷材应符合相关质量要求，无破洞、不漏水，内部有金属或聚合物纤维，表面有均匀的石屑撒布层。铺筑的防水黏结层不得有漏铺、破漏、脱开、翘起、皱折等现象。②铺设前应喷洒黏层油和涂刷黏结剂，

铺筑时边加热边滚压，黏结后必须检查确认任何部位都不能被人工或铁锹撕、揭开。③铺设卷材后不得通行任何车辆或堆放杂物，防止卷材污染。④防水卷材防水层不得在摊铺机或运料车作用下遭到损坏。

（三）泄水管注意事项

①泄水管应伸出结构物底面100～150 mm。②桥下有道路、铁路、航道等不宜直接排水的情况下，可将泄水管通过纵向及竖向排水管道直接引向地面，或按设计文件要求办理。要求管道要有良好的固定装置，如锚锭轨及抱箍等预埋件。

第四章　公路养护

第一节　路基养护

一、日常保养技术

路基是路面的基础，是公路能否经久耐用的关键，路基的稳定性直接影响着路面质量。高于原地面的填方路基称为路堤；低于原地面的挖方路基称为路堑。在一个断面内，部分为路堤，部分为路堑的路基称为半填半挖路基。

水是引起各种路基病害的重要根源之一，路基的排水设施养护是日常养护的重点内容。

（一）路基养护总体要求

①通过日常巡查，发现病害及时处理，保持路基稳定。②路肩无病害，边坡稳定。③排水设施无淤积、无损坏，排水畅通。④挡土墙等附属设施良好。⑤加强不良地质路段边坡坍塌、泥石流等灾（病）害的巡查、防治、抢修工作。

（二）路基养护的基本内容

1.基本内容

①维修和加固路肩、边坡及错车道。②疏通、改善排水设施（边沟、排水沟、截水沟、跌水井、泄水槽）。③维护、修理各种防护设施。④清除塌方、积雪，处置塌陷，检查险情，防治水毁。⑤观察、预防和处置路基病害。

2.日常巡查

日常巡查内容包括：路肩表面是否平整、密实、不积水，有无病害；

排水设施是否完好、畅通；边坡是否稳定；挡土墙等附属设施是否良好。

日常巡查要求：县道每周不少于一次，乡、村道每月不少于两次。特殊路段或遇有恶劣天气、重大节日活动等特殊情况应适当加大巡查频率。

日常巡查处置：发现病害、缺陷的应及时修复；不能及时修复的，应及时上报上级管理机构。

路肩保护路面在行车作用下不致横向变形或起到紧急情况下临时避车的作用。路肩横坡应稍大于路面横坡，以利排水。路肩养护与维修工作的重点是减少或消除水对路肩的危害。

3.日常养护内容

①定期修剪草皮或天然草、平整土路肩和修补破损硬路肩。②路肩除草。③定期用割草机对路肩进行修剪，保持路肩整洁。④存在路肩过高影响排水时，可结合路肩平整开展。⑤平整土路肩。⑥高出路面的土路肩利用铁铲、锄头等工具铲除整平。⑦低于路面的土路肩，易形成路肩积水，需清除淤泥后培土回填并压实，使路肩平整、坚实、排水畅通，路面、路肩无积水。

4.硬路肩修补

硬化路肩局部损坏，可用水泥混凝土进行修补。先把破损路肩的基底整平、清扫干净，再浇筑混凝土并用振捣器振捣密实，最后人工抹平。

5.排水设施的养护

排水设施（边沟、截水沟、排水沟、跌水及急流槽、暗沟等）能否正常工作，直接影响到路基的稳定性。

日常养护要求：汛前全面检查、疏通，雨中巡查及时排除阻塞并疏流，雨后及时修理加固，清除堵塞。

日常养护内容包括：清理疏通排水设施，修复破损、增设排水设施等。

①沿线边沟、排水沟、截水沟（天沟）或急流槽等存在淤积和堵塞的，应将淤泥、垃圾、杂草清理干净。②暗沟淤积和堵塞应冲洗清除。③保证沟渠整洁、排水畅通。④汛期前和汛期中要加强排水设施的检查和清理。⑤简易土沟：利用锄头或铁铲等工具把沟底、沟壁拍打夯实。⑥干（浆）砌沟式渠：A.干（浆）砌片石修补沟墙，B.水泥砂浆勾缝，C.水泥砂

浆抹平沟底。

6.增设排水设施

①对于排水不畅、汇水面积不大的路段，可开挖土边沟以改善道路的排水。②挖方路基上侧山坡汇水面积较大时，应于挖方坡口5 m以上设置截水沟。③排水不良、无排水设施的路段，应增设混凝土边沟或浆砌片石边沟以改善公路排水。

路基防护工程是起到防止路基被冲刷或风化的隔离作用的设施，包括植物防护、石砌湖泊、护脚、抹面、勾缝等。支挡工程则是防止路基或山体的滑塌的支撑结构设施，如挡土墙、抗滑桩、锚杆等。

二、路肩的维修与加固

路肩的功能是保护路面边缘，加强路基的稳定性，便于行人和非机动车的通行，也可用于紧急情况下的临时停车，偶尔供错车之用。

如果养护不当，路肩松软，往往会使路面边缘发生毁坏，即所谓的"啃边"破坏。而水是导致路肩松软的主要原因，因此，减少或消除水对路肩的危害是路肩养护与维修工作的重点。

土路肩上出现车辙、坑洼或与路面产生错台现象时，必须及时整修，并用与原路基相同的土填平夯实，使其顺适。

土路肩过高妨碍路面排水时，应铲削整平。

土路肩横坡过大时，应削高补低整修至规定坡度。土路肩或有草的路肩应满足其横坡度比路面坡度大1%~2%的要求，以利于排水。

公路上的路肩通常不用于行车，但从功能上要求其能承受汽车荷载。因此，为减少路肩养护工作量，对于行车密度大的路线，应该有计划地将土路肩改铺成硬路肩。

（一）陡坡路段（纵坡大于5%）路肩的防排水治理

陡坡路段的纵坡较大时（>5%），暴雨易将路肩冲成纵横沟槽，甚至冲坏路堤边坡，可根据路基排水系统的情况，采取如下措施：

①自纵坡坡顶起每隔20 m左右两边交错设置宽30~50 cm的斜向截水明槽，并用（碎）石填平，同时在路肩边缘处设置高10 cm、上边宽10 cm、下

边宽20 cm的拦水土坡。在每条截水明槽处留一淌水口，其下面的边坡用草皮或砌石加固，使水集中由槽内流出。②在暴雨中，可沿路肩截水在明槽下侧临时设置阻水埂，迫使雨水从槽内排出，但雨后应立即铲除。③中、低级路面路肩上自然生长的草皮应予以保留。植草皮应选择适于当地土壤的种子。成活后需加以维护和修整，使草高不超过15 cm，丛集的杂草应铲除重铺，以保持路容美观。如路肩草中淤积砂土过多妨碍排水时，应立即铲除，以恢复路肩应有的横坡度。④路肩外侧，易被洪水冲缺或牲畜踩踏形成缺口，可用石块、水泥混凝土预制块或草皮砌宽20 cm左右的护肩带，既消除病害，又美化路容。

（二）路肩上养护材料的堆放

对于养护材料，应该在公路路肩之外，根据地形情况，选择适宜地点，设置堆料坪，堆料的间距以200～500 m为宜。堆料坪长5～8 m，宽约2 m。

机械化养路或较高级路面，可以不设堆料坪。

（三）路肩上杂物的堆放

路肩上严禁种植各种农作物和堆放任何杂物。

三、边坡的养护与加固

（一）边坡养护要求

①边坡坡面应经常保持平顺、坚实、无裂缝。②严禁在边坡上及路堤坡脚、护坡道上挖土取料或种植农作物。③边坡发生病害，应采取相应的技术措施进行维修和加固。④植被对边坡有保护作用，禁止在边坡上割草、放羊。

（二）边坡养护

1.影响边坡稳定的因素
①影响路堤边坡稳定的主要因素包括填料种类、边坡高度以及路堤的

类型。②影响路堑边坡稳定的因素较为复杂，除了路堑深度和坡体土石的性质之外，地质构造特征、岩石的风化和破碎程度、土层的成因类型、地面水和地下水的影响、坡面的朝向以及当地的气候条件等都会影响路堑边坡的稳定性。土质（包括粗粒土）路堑边坡，则应考虑边坡高度、土的密实程度、地下水和地面水的情况、土的成因及生成年代等因素。

2.上边坡养护

①边坡上有危岩、浮石、松动土等，应及时清除，将坑凹地区嵌入浆砌片石，并使周围牢固嵌稳。②边坡上出现冲沟或缺口，应及时用黏结性良好的土修补捣实。③定期对边坡上杂草进行修剪（不宜铲除），保持行车视觉良好。④上边坡较高、积水面积较大时，应加强坡顶是否有裂缝、坍塌等现象的检查，并及时疏通、加固截水沟。

3.下边坡养护

①土路堤边坡的雨水冲沟和缺口，应用黏结性良好的土修补拍实。对于较大的冲沟和缺口，应将原边坡挖成台阶形后分层填筑压实，并与原坡面平顺衔接。②土质松散的路堤边坡，可采用全范围人工植草或平铺草皮进行防护。或在路肩设置拦水带和截水明槽，以减少坡面冲刷。③非常水位临水边坡，漫水时流速不大区域，可采用抛石护坡加固；水位较深、流速大的区域应采用石笼护坡。④常水位淹没路段，宜用浆砌片石护坡，加强防护；水流较急路段宜采用混凝土挡墙。

4.植物坡面防护技术

为使边坡状况尽可能与周边自然景观相协调，在有条件的路段应优先采取植物防护坡面技术，如种植灌木丛、铺草皮或种植香根草，也可采用液压喷播、客土喷播和岩质坡面喷混植生等技术措施。

5.土质边坡的维修与加固

对于土质边坡、碎落台、护坡槽等，如经常出现缺口、冲沟、沉陷、塌落或受洪水、边沟流水冲刷及浸水时，应根据水流、土质等情况，选用种草、铺草皮、栽灌木丛、铺柴束、篱格填石、投放石笼、干砌或浆砌片石护坡等措施，进行防护和加固。

边坡如发生坍塌需要修整时，不能在边坡上贴土修补，而应在毁坏的地段上，从下到上先挖成土台阶，再分层填土夯实。夯实后的宽度要稍超出原来的坡面，以便最后切出坡面。

6.石质边坡的维修与加固

对易风化的软质岩石或破碎岩石的路堑边坡，常受自然条件的影响剥落而破坏，用植物防护有困难时，可选用抹面、喷浆、勾缝、灌浆、嵌补等方法进行处置，以保证路基的稳定，避免堵塞边沟或危及行车和行人。

（1）抹面防护

抹面防护适用于易风化而表面较完整、尚未剥落的岩石边坡，选用混合材料涂抹坡面，防止表层岩石风化的进一步发展。但必须注意，抹面仅能够起到防护层的作用，不能承受荷载，故边坡必须是稳定的。

施工时要注意，抹面前，对被处置坡面进行清理，并应将坡面上的坑洼用小石块嵌补填平，然后用水洒湿坡面，使灰浆与坡面结合良好。抹面应均匀涂抹，然后待灰浆稍干即进行夯拍，直至表面出浆为止，并应进行洒水养护。

（2）喷浆防护

喷浆防护是将灰浆均匀地喷射在岩层表面上，使之形成一个保护层，是防止坡面风化破坏的一种措施，适用于易风化而仍较完整的岩石路堑边坡。这种方法施工简单，效果好，但水泥用量较大。

喷浆的材料可以是纯水泥浆、水泥砂浆、水泥石灰砂浆等。

喷浆厚度视坡面岩石风化程度而定，一般为2 cm左右，而需较厚者可以分层喷射，喷浆后应洒水养生。

（3）勾缝防护

勾缝适用于较坚硬的、不易风化的、节理裂缝多而细的岩石路堑边坡，用以防止雨水沿裂缝进入岩层内造成病害。

（4）灌浆防护

灌浆适用于较坚硬的、裂缝较大的而且较深的岩石路堑边坡，借砂浆的黏结力把裂开的岩石黏结为一体，维护边坡的稳定。

（5）嵌补防护

嵌补防护可用浆砌石块或水泥混凝土嵌补，适用于补平岩石坡面中有较深的局部凹坑，以防坡面继续破损碎落，维护边坡的稳定。

（6）锚固防护

锚固防护适用于岩石边坡的层理或构造面倾向于路基并有可能顺层面下滑的情况。这种方法是垂直于岩面坡面钻洞，将钢筋直穿至稳定基岩内，然后向洞内灌入水泥砂浆，使钢筋串联岩层，阻止岩层下滑。

7.土工合成材料防护

土工合成材料的发展为边坡防护、加固提供了新材料、新技术和新方法。

常用于边坡防护、加固的土工合成材料有：土工网、土工格栅、防老化的塑料编织布、土工模袋等。使用上述材料进行边坡防护和加固的突出优点是施工简单、进度快、造价低、效果好。

四、支挡设施的养护与维修

（一）日常检查

挡土墙：①挡土墙泄水孔是否堵塞。②是否有裂缝及墙身变形现象，墙身石块是否有剥落、脱落等情况。③沿河、溪、渠路段的挡土墙基底是否被雨水掏空。④发生倾斜、滑动下沉或倒塌等情况无法处置时，及时报告上级主管部门处理。

泄水孔：泄水孔堵塞，常引起墙后积水，要及时疏通。如无法疏通，应增设泄水孔或设盲沟将水引出路基以外。

裂缝、断缝：已停止发展的裂缝，可将缝隙凿毛，清除碎渣和杂物，然后用水泥砂浆或环氧树脂填塞。较大裂缝，内形成空洞的，先用细石混凝土封堵裂缝外围，后压浆处理。

（二）挡土墙养护与维修

1.浸水挡土墙

浸水挡土墙受雨水冲刷，出现基底被掏空但未危及挡土墙本身时，可采取抛石加固或用块（片）石将淘空部分塞实并灌浆，防止基底的进一步破坏。

2.护岸

沿河路基和桥头引道，直接受到水流的冲刷而被掏空，为了维护路基坚固、稳定，必须采取措施予以防护。冲刷防护有两种类型：一种是直接防护，以加固岸坡为主要措施；另一种防护类型包括：

（1）抛石防护

抛石防护主要用于防护水下部分的边坡和坡脚，避免或减少水流对护坡的冲刷及淘刷，也可以用于防止河床冲刷。

石笼防护用于防护河岸或路堤边坡，同时也可作为加陡坡减少路基占地宽度，以及加固河床、减少淘刷的措施。在缺少大块石料时，用较小的石块填塞于铁丝笼或木竹笼内，一般可适用于流速为4～5 m/s的水流中。因铁丝容易被磨坏，有漂石冲击的河流不宜采用石笼防护。

（2）石砌护坡

石砌护坡用于因水流冲刷的河岸和路基，可分干砌和浆砌两种。

①干砌片石用以保护边坡免受地表水的侵蚀和冲刷，可用于土质边坡，边坡坡度一般为1：1.5～1：2，水流速度在1.5 m/s以下，对所防护的边坡本身应该是稳定的。

②浆砌片石护坡用于水流流速在1.5 m/s以上，波浪作用较强，以及可能有流水或流水冲击作用时的防护加固工程。

（3）土工模袋护岸

土工模袋就像中间带有许多节点的超大型塑料编织袋，其规格可以按照工程要求加工。施工时，将模袋平铺于岸坡上，从袋口连续灌注流动性良好的混凝土，则充满混凝土的模袋紧贴在岸坡上，形成一个稳固的、连续的大面积混凝土壁，起到护岸的作用。这项技术的特点是施工速度快、简便、经济，可以省去管养工作，尤其适用于冲刷严重的沿河路堤。

第二节　路面养护

一、日常保养技术

（一）路面日常养护

1.总体要求

①保持路面整洁平整，清理杂物、积雪积冰，做好路面排水。②保持路面具有足够的强度和抗滑性能。③加强路况巡查，发现病害及时进行维修、处置。

2.路面日常养护内容

①定期清扫路面，及时清除杂物、修补路面坑洞等，保障行车安全。②填灌路面裂缝，适时更换水泥混凝土路面的接缝填料。③及时挖除或修补沥青路面出现的拥包、波浪、车辙等。④对不能处理的病害，及时上报。

3.日常巡查

日常巡查内容：路面是否清洁，有无落石等危及运行安全的杂物、污染物；水泥路面是否有唧泥、拱起、错台、板角断裂、填缝料老化等病害；沥青路面是否有龟网裂、波浪、拥包、坑槽、沉陷等病害。

日常巡查要求：县道每周不少于一次，乡、村道每月不少于两次；特殊路段或遇有恶劣天气、重大节日活动等特殊情况应适当加大巡查频率。

日常巡查处置：发现病害、缺陷的应及时修复，不能及时修复的，应及时上报上级管理机构处理。

4.路面保洁

定期清扫路面，保持路面无砂土、石子、落叶、垃圾等杂物，保持路面整洁；路面垃圾应集中拉运清除，不得堆放在边沟内或边坡上。

路面保洁分为人工保洁和机械保洁两种。人工清扫路面时养护人员必须穿反光背心，摆放安全警示标志，保证养护作业安全。

冬季由于雨雪天气造成的路面或桥面结冰、积雪，要及时组织人员利用铁铲、扫帚或铲车等工具清理积雪，保证道路通行安全。

（二）沥青路面日常养护

1.一般公路沥青路面的日常养护

（1）初期养护

①热拌沥青混合料路面的初期养护

A.摊铺、压实后的热拌沥青混合料路面，待摊铺层自然冷却，混合料表面温度低于50 ℃后方可开放交通。

B.纵横向的施工接缝是沥青路面的薄弱环节，应加强初期养护，随时用三米直尺查找暴露出来的轻微不平，铲高补低，经拉毛后，用混合料垫平、压实。

②乳化沥青路面的初期养护

乳化沥青路面的初期稳定性差，压实后的路面应做好初期养护，设专人管理，按实际破乳情况，封闭交通2～6 h；在未破乳的路段上，严禁一切车辆、人、畜通过；开放交通初期，应控制车速不超过20 km/h，并不得制动和调头。当有损坏时应及时修补。

（2）沥青路面日常养护

①加强路况巡查，及时发现病害，研究分析病害产生的原因，并有针对性地及时对病害进行维修处理。②定期及时清扫路面。③严禁履带车和铁轮车在沥青路面上直接行驶，如必须行驶，应采取相应措施。④雨后路面有积水的地方要及时排除。⑤排水设施的养护：在春融期，特别是汛前，应对排水设施进行全面检查并疏通，雨天必须上路巡查，及时排除堵塞并疏通，防止水流直接冲刷路基、路面及路肩。暴雨过后应重点检查，如有冲刷损坏，应及时修补。⑥除雪防滑。

（3）季节性预防养护

沥青路面对气温比较敏感，应根据各地不同季节的气候特点、水和温度变化规律，按照"预防为主、防治结合"的原则，结合本地区成功经验，针对如下所列不同季节病害根源，因地制宜，采取有效的技术措施，做好预防性季节性养护工作。

①春季

气温较暖，路基内的水分开始转移，是各种病害集中暴露的季节。养护中应抓住时机，及时防治路面病害。

春季应做好沥青路面温缩裂缝和其他裂缝的灌、封修理，采用低温春雨期养护材料和春融翻浆防治器快速修补坑槽、松散和翻浆等病害。

②夏季

夏季气候炎热，地面水分蒸发快，是沥青路面各种病害全面发展的季节。养护中要充分利用夏季气温高、操作方便的条件，及时消灭病害，恢复路面使用质量。

③秋季

秋季气温逐渐降低而雨水较多，应及时处理病害，为冬季沥青路面的正常使用打下基础。

④冬季

冬季气候寒冷，路基、路面冻结，是沥青路面比较稳定的季节，但是也要注意沥青路面的养护。

2.高速公路沥青路面日常养护

对高速公路沥青路面应进行经常性和预防性的日常养护，以保证路面经常处于良好的技术状态。

（1）巡查和检测

①高速公路沥青路面的日常养护，应坚持巡视检查制度，及时发现路面及其附属设施的损坏情况和可能影响交通的路障，以便养护部门及时、合理地安排维修和清理工作，尽快恢复路面正常使用状态。②路面的日常养护中，应注意采集、利用气象信息和交通信息等相关信息。阶段性评价，以及时采取相应的养护对策。③对修建于软土地基的高速公路沥青路面应定期进行路面高程测量。当桥头引道的不均匀沉降出现下列情况时，应及时予以修复：A.与桥台的连接部位沿桥台靠背产生错台，且最大高差达2 cm以上。B.台后接近桥台部位的纵向坡度差超过5%。

（2）清扫和排水

①对尘土、落叶、杂物等造成的路面污染，应进行日常清扫，保持高速公路良好的运行环境。②除了定期的日常清扫作业外，还应根据路面污染的特殊情况，及时进行不定期的特殊清扫保洁作业。③高速公路沥青路面应保持排水畅通、路面无积水。

（3）排障和清理

①为了及时处理并尽量减轻因不可抗拒因素和突发事件所造成的损害，高速公路管理机构应建立完善的应急抢险机制，全天候不间断地值班，随时掌握、分析各类有关信息，做好各种应急抢险准备工作，一旦发生险情，快速作出反应，指挥应急抢险工作。②根据实际需要配置必要的排障、抢险、救援设备和可靠的通信指挥设施，对排障、抢险、救援人员应进行专门的业务培训，并预先制订作业程序。一旦出现妨碍正常交通、危及行车安全的路面险情和障碍物，应急抢险指挥中心应立即组织人员、设备，按程序排除路障和路面险情，恢复正常交通。③排障作业结束后，应尽快清理现场，发现路面及附属设施受到损害的，应尽快予以修复。

（4）除雪和防冻

①严寒地区的除雪和防冻是路面冬季养护的重点。应根据当地历年气象记录资料、气象预测资料、路面结构、沿线条件等，事先制订切合实际情况的除雪和防冻工作计划，制定适用于各种不同的气温、降雪量和积雪深度条件下的除雪和防冻作业规程，落实相应的除雪、防冻作业人员和机具设备，并按实际需要储备防冻、防滑材料。在严寒降雪季节到来后，应随时监测气象变化情况，一旦降温、降雪，立即按计划部署相应的除雪和防冻作业，特别注意桥面、坡道、弯道、匝道、收费广场等重点区段，尽量减轻积雪和冰冻对行车安全造成的危害，缩短影响正常交通的时间。②路面除雪应以机械作业为主，人工作业为辅。在降雪过程中，当路面积雪厚度超过1 cm时，即可开始除雪作业。一般以铲为主，除雪机械的作业方向宜与正常行车方向相同，行驶速度为30~50 km/h，从路面左侧向右侧依次进行。当降雪量较大，难以在降雪过程中清除全部积雪时，应在雪停后及时清除路面全部积雪。③当路面上的压实雪、融化的雪水、未及时排除的雨水可能形成冰冻层时，应及时采取防冻防滑措施。当气温低于0 ℃时，在大、中型桥面、桥头引道纵坡大于2.5%的路段或平面曲线半径小于500 m的匝道范围内，应撒布盐、盐水、盐砂混合料或其他融雪剂等防冻防滑材料。撒布的时间和频率宜与除雪作业同步。待雪停后，应将残留在路面上的防冻防滑材料与积雪一并清除干净。④除雪和防冻作业应不分昼夜快速进行，作业现场必须实行统一指挥，并落实与作业形式相适应的安全作业

措施和交通控制措施。

（三）水泥混凝土路面日常养护及病害维修

1.路面的保养

水泥混凝土路面日常养护应做好预防性、经常性养护，通过经常的巡视检查，及早发现缺陷，查清原因，采取适当措施清除障碍物，保持路面状况良好。

（1）清扫保洁

①水泥混凝土路面必须定期清扫泥土和污物；与其他不同类型路面平面连接处及平交道口应勤加清扫；路面上出现的小石块等坚硬物应予以清除；中央分隔带内的杂物应定期清除；保持路容整洁。②路面清扫频率应根据公路状况、交通量大小及其组成、环境条件等确定。路面清扫宜采用机械作业。机械清扫留下的死角，应人工清除干净。③路面清扫时，应尽量减少清扫作业产生灰尘，以免污染环境，危及行车安全。清扫作业宜避开交通高峰时段进行。④路面清扫后的垃圾应运至指定地点进行处理，不得随意倾倒。⑤当路面被油类物质或化学药品污染时，应清洗干净，必要时用中和剂或其他材料处理后再用水冲洗。⑥交通标志标牌、示警桩、轮廓标以及防撞栏等交通安全设施应定期擦拭，交通标志及标线受到污染后应及时清扫（洗），保持整洁、醒目。⑦应保持交通标志标牌、标线、示警桩、轮廓标的完整，发生局部脱落、破损时应用原材料进行修复或更换。

（2）接缝保养及填缝料更换

混凝土路面层，是由一定厚度的混凝土板组成，和其他材料一样具有热胀冷缩的性质。受气候、温度变化影响，混凝土板会产生不同程度的膨胀和收缩，如果混凝土板设计和施工时，不设置必要的胀缩缝，在温度变化影响下，膨胀会隆起，收缩会引起板内拉应力过大被拉断，产生许多不规则的裂缝，任其发展就会使整个路面板破坏。为了保证混凝土路面板使用品质，使裂缝有规则地产生，应在水泥混凝土路面板纵横两个方向建造许多接缝，把整个板面分成许多板块。

水泥混凝土路面保养的重点在接缝，应对接缝进行适时的保养，保持接缝完好、表面平顺，行车不致产生颠跳。

（3）接缝保养的要求

①填缝料凸出板面，高速公路、一级公路超出3 mm，其他等级公路超过5 mm时应铲平。②填缝料外溢流淌到接缝两侧面板，影响路面平整度和路容时应予以清除。③杂物嵌入接缝时应予以清除，若杂物是小石块及其他坚硬物时，应及时剔除，以免车辆碾压而破坏路面。

（4）应对填缝料进行周期性或日常性的更换

①填缝料的更换周期一般为2～3年。②填缝料局部脱落时应进行灌缝填补；填缝料脱落缺失大于1/3缝长或填缝料老化、接缝渗水严重时应立即进行整条接缝的填缝料更换。③用于水泥混凝土路面接缝修补的接缝板应具有一定的压缩性及弹性，当混凝土板高温膨胀时不被挤出，当混凝土板低温收缩时，能与混凝土板缝壁连接而不被拉断，不产生缝隙；耐久性好，复原率高，在混凝土路面施工时不变形，且具有较高的耐腐蚀性。

（5）填缝料的更换应做到饱满、密实、黏接牢固，清缝、灌缝宜使用专用机具

①更换填缝料前应将原填缝料及掉入缝槽内的砂石、杂物清除干净，并保持缝槽干燥、清洁。②填缝料灌注深度宜为3～4 cm。当缝深过大时，缝的下部可填2.5～3.0 cm高的多孔柔性垫底材料或泡沫塑料支撑条。③填缝料的灌注高度夏天宜与面板平齐，冬天宜稍低于面板2 mm。多余的或溅到面板上的填缝料应予以清除。④填缝料更换宜选在春秋两季，或在当地年气温居中且较干燥的季节进行。

2.路面排水设施养护

①应经常巡查路面排水设施是否保持正常的排水功能，发现损坏应及时修复，发现堵塞必须立即疏通，路段积水应及时排出。②除保证路面排水顺畅外，还应对分隔带等其他部位的排水进行维护。③雨天应派技术人员路上巡查，检查排水设施的排水情况，清除影响排水的堆积物、杂物等，发现问题及时解决。④排水构造物的修复应采用与原构造物相同的材料。⑤由于路面存在各种接缝和可能出现的病害类裂缝，除保证接缝密封外，对病害类裂缝应及时进行填缝或灌缝封堵，尽可能不让水进入路面之内。

3.冬季养护

①冰雪地区路段水泥混凝土路面冬季养护的重点是除雪、除冰、防滑；作业的重点是桥面、坡道、弯道、坝口及其他严重危害行车安全的路段。②除雪、除冰、防滑要根据气象资料、沿线条件、降雪量、积雪深度、危害交通范围等确定作业计划，并做好机驾人员培训以及机械设备、作业工具、防冻防滑材料的准备。③除雪作业以清除新雪为主。化雪时应及时清除雪水和薄冰。除冰困难的路段应以防滑措施为主，除冰为辅。除冰作业应防止破坏路面。

4.路面防冻、防滑的主要措施

①使用盐或其他融雪剂降低路面上的结冰点。②使用砂等防滑材料或与盐掺和使用，加大轮胎与路面间的摩擦系数。③防冻、防滑料施撒时间，主要根据气象条件（降雪、风速、气温）、路面状况等来确定。一般可在刚开始下雪时就撒布融雪剂或与防滑料掺和撒布，或者估计在路面出现冻结前1~2 h撒布。④防止路面结冰时，通常撒布一次防冻料即可，除雪作业时，撒布次数可以和除雪作业频率一致。⑤在冻融前，应将积雪及时清除路肩之外，以免雪水渗入路肩。冰雪消融后，应清除路面上的残留物。⑥禁止将含盐的积雪堆积于绿化带。

二、预防性养护技术

（一）雾封层技术

雾封层技术（Fog Seal）全称为雾状封层技术，它是将乳化沥青、改性乳化沥青或沥青路面养护剂等流体状的材料，经喷洒机械喷洒在沥青路面上，以形成一层严密的防水层将路面的孔隙以及微裂缝封闭，防止水分和空气进入路面结构中而引起路面结构的破坏，对3 mm以下的裂缝有自动愈合的作用；雾封层还能稳住道路表面松散的骨料以防止其进一步松散，可以保护或修复路面因老化所损失的黏结料，减少路面的老化和风化作用；此外，它还能延迟路面其他病害的产生，维持路面的使用功能，延长道路的使用寿命。

1.雾封层技术适用范围

①适用于原路面路表产生了微小裂缝，裂缝宽度在1~3 mm左右，对于出现严重的网裂、龟裂等裂缝的路面，应将裂缝预先处理，待稳定后，再采取雾封层技术。②原路面路表松散，甚至出现麻面，路表面沥青剥落或老化而结构强度完好时，可采取雾封层技术，有效地黏结松散集料，修复老化沥青；改善路面外观。③当原路表面渗水系数增大，路面出现渗水严重或较严重，而路面结构强度及结构完好时，采用雾封层技术可有效地防止路面渗水，防止水的渗入导致基层及路基软化，保护了基层及路基，减少或防止水损坏。

2.雾封层分类

按照雾封层所采用的材料不同，可将其大致分为有机硅雾封层、CAP雾封层、HAP雾封层和Star-seal雾封层四种。

有机硅雾封层价格与其他路面预防性养护技术，如CAP雾封层、HAP雾封层等相比稍高，但是有机硅树脂兼具无机材料、有机材料的双重特性，与其他的养护材料相比具有优异的化学稳定性和耐久性，另外有机硅雾封层还具有施工工艺简便、开放交通时间短等优点。采用有机硅雾封层后，可以延缓路面中修3~5年，延缓路面大修5~7年，具有一次投入，长久受益的优势，减少了后期二次养护或者重修的投入，从长远来看具有突出的经济效益优势。

3.材料要求

雾封层所使用的材料一般为乳化沥青和水，有时可以添加一定比例的添加剂，其中，乳化沥青可以是阳离子型或阴离子型（常用的乳化沥青类型为CSS-1h和SS-1h）。如果没有高品质的乳化沥青材料，乳化沥青在通过间隙很小的喷头时就会被剪切破乳，而不能形成保护层很好地保护沥青路面。

（1）乳化沥青再生剂

乳化沥青再生剂是雾封层最主要的原材料，除了能改善老化沥青的性能外，还要求其具有以下性能：

①防水性

能使路表面的渗水系数大幅度下降。

②流动性

能接近水的流动性，有利于材料进入裂缝。

③黏结性

与沥青有极强的黏结力。

④渗透性

能很好地渗透入沥青混凝土中，对老化沥青起再生作用。

（2）水

雾封层对水的要求很高，水的质量好坏会对雾封层质量产生很大的影响，雾封层所采用的水必须达到饮用水标准，水中不得含有不溶性杂质，pH控制在6～8之间。进行雾封层混合液的配制前，应检测水与乳化沥青再生剂的相容性，具体做法为：找一个烧杯，按照1∶1的比例加入乳化沥青再生剂和水，搅拌均匀后静止，根据施工的使用时间观察有无沉淀或者分层的现象产生。如有以上现象产生，则应更换水源。

4.施工工艺及要求

（1）施工工艺

施工技术及工艺决定着施工质量的好坏，施工工艺决定着施工成本的高低，好的施工工艺既提高了施工质量也降低了施工成本，因此，施工工艺是施工技术的关键环节之一，同样，雾封层技术施工工艺决定着雾封层技术施工质量的好坏，也决定着雾封层技术成本。

①影响路面结构强度的病害处理。

雾封层技术不能增加路面的结构强度，因此，在雾封层技术施工前应对影响路面结构强度的病害进行修补，以保证雾封层技术的施工质量，如裂缝宽度大于3 mm的裂缝，应采取切缝处理等方法进行修补。②待路面病害处理完并形成一定强度后，施工负责人跟交通管理部门联系，对将要实施雾封层的路段进行交通管制，交通标志要求醒目。③对施工路段进行路面预处理。用高压气流吹风机将路面上的松动的细颗粒及灰尘，由里向外吹出路面，用定制的胶布将路面的白色标线封粘起来，以免雾封层施工后将标线覆盖或污染标线。④清理路面的时候，应将施工喷洒的机械准备就位，把雾封层材料拌和均匀，以备喷洒。⑤按照试验的喷洒量及计算的喷洒高度调整好横木高度，进行雾封层施工。喷洒横木的高度应根据计算的高度试验调整确定。⑥雾封层喷洒完后，进行路面封闭养护，期间严禁车辆、行人入内，同时，用清洁的刮耙清除撒布过量的径流油或洒布不均匀部位，及时清理扫除出现油膜的部位，待路面达到一定的强度后开放交通，开放交通初期应限制车速为40 km/h。⑦清理路面，将路面上的封胶布清除，开放交通。

（2）施工工艺流程

路面病害处理→路面清扫、预处理→材料、设备、机械准备→雾封层施工→强度成型养护和路面处理→开放交通。

（二）微表处处理技术

微表处是采用专用机械设备将聚合物改性乳化沥青、粗细集料、填料、水和添加剂等按照设计配合比拌成稀浆混合料摊铺到原路面上，并很快开放交通的具有高抗滑和耐久性能的薄层。按照矿料级配的不同，微表处可以分为Ⅱ型和Ⅲ型。

1.适用范围

微表处适用条件是：

①路面破损状况较轻（PCI＞90），路面有一定的车辙病害（车辙深度为10～25 mm）的路段。②路面裂缝较少，主要存在松散、麻面等病害。③路面抗滑能力不足而进行的加铺罩面。

以下路段不宜进行微表处：

①路面出现结构性病害，如大量反射裂缝、龟裂等。②结构强度指数不足的路段。

2.原材料要求

微表处需要的材料主要是聚合物改性乳化沥青、粗细集料、填料、添加剂、水等。

（1）聚合物改性乳化沥青技术要求

微表处必须采用改性乳化沥青，其基质沥青标号为70#。

（2）粗、细集料的技术要求

细集料必须采用耐磨性较好的玄武岩，且通过筛孔4.75 mm矿料的砂当量不小于65%。

（3）填料的技术要求

微表处矿料中可采用矿粉、水泥、消石灰等填料，填料应干燥、疏松、无结团，并应符合相关要求。

（4）水的技术要求

水不得含有有害物质的可溶性盐类、能引起化学反应的物质和其他污染物，一般采用可饮用水。

3.微表处混合料技术要求

沥青微表处混合料试验技术标准按规范执行。

（三）碎石封层

同步碎石封层是一种有效的沥青路面预防性养护和修复性养护的新工艺、新技术。所谓同步碎石封层，是指采用专用设备即同步碎石封层车，将符合一定技术要求的碎石及黏结材料（热沥青、乳化沥青、改性沥青）同步铺洒在路面上，通过自然行车碾压或胶轮压路机碾压形成单层沥青碎石磨耗层。沥青路面经过同步碎石封层处置后，使路面具有良好的防渗水性能和抗滑性能，能有效治愈路面贫油、松散、轻微网裂、车辙、沉陷等病害，将沥青路面的使用寿命延长10年左右。

作为一种新的预防性养护措施，同步碎石封层技术从20世纪80年代开始在法国被大规模采用，90年代传播到欧洲各国及美国等数十个国家和地区并得到推广，据统计，在欧洲有95%以上的公路均采用这项技术进行养护。同步碎石封层技术在我国近几年才开始尝试，目前，该技术在高速公路下封层及国道、省道的中修工程已得到较好应用。

1.工作原理

同步碎石封层技术的核心在于同一设备可以在一秒钟内同时洒铺沥青结合料和石料。也就是说，沥青与石料在一秒钟内完成结合。结合时，沥青温度下降很小，喷洒时热沥青的温度为140 ℃，结合时温度可保证在120 ℃以上，此时沥青结合料的流动性仍很好，与石料结合面积大，增强了与石料结合的牢固性；同时，由于沥青结合料的毛吸引力，使沥青表面形成一个半月面，比自由高度上升约2/3，使沥青结合料与石料的黏附变得更容易，从而保证了沥青与石料的结合强度。而传统的表面封层技术，一般是通过两种不同的设备：一辆沥青洒布车、一辆碎石撒布车来进行。由于两道工序的时间间隔较长，使得沥青的温度下降很多（约为70 ℃），石料与沥青的黏结效果较差，从而造成石料的大量流失，影响了封层的性能。

2.同步碎石封层使用范围

①用于大修改建公路投入使用一段时间后的中修，既能以其防水性延长路面的使用寿命，又以其平整度和防滑性提高公路的服务质量，以较少的资金投入和能源消耗，获得成倍的经济效益和社会效益。②用于将旧水泥路面改造为沥青路面，其中防水黏结层的形成与性能是关键。过少的沥青用量将不能起到必需的黏结作用，会导致施工后上层新路面剥离；过多的沥青用量则会形成润滑作用，使上层路面作水平移动，然后剥离。同步碎石封层技术能够较准确地控制沥青和碎石的摊铺量，形成上乘质量的防水黏结层。③同步碎石封层可以作为低等级公路的过渡型路面，以缓解公路建设资金严重不足的矛盾。④与沥青表面处置、贯入式等结合施工，多种施工工艺相结合是应对不同路段不同要求的组合施工方式。同步碎石封层可作为双层或三层表处、贯入式路面的后几层施工，能够较好保证沥青温度、沥青用量及碎石用量，施工质量和外观效果俱佳。⑤同步碎石封层也可用于大修改扩建公路的下封层，以便及早开放交通。

（四）稀浆封层技术

稀浆封层（Slurry Seal）是指用适当级配的石屑或砂、填料（水泥、石灰、粉煤灰、石粉等）与乳化沥青、外掺剂和水，按一定比例拌和而成的流动状态的沥青混合料，将其均匀地摊铺在路面上形成的沥青封层。由于该种稀浆混合料的稠度较稀，形态似浆状，铺筑厚度一般在3～10 mm之间，主要起防水或改善恢复路面功能的作用，故取名为乳化沥青稀浆封层，简称稀浆封层。

1.工作性能

（1）显著的封闭防止水侵入功能

多数道路病害都是由于水损坏引起的，进而发展为多种病害，稀浆拌和料的集料粒径较小，并且有一定的级配，同时沥青使用量大，使其与路面连接相当牢固，可以形成一层致密的表层，有效防止雨水和雪水渗入路面结构，在很大程度上起到防止水侵入路面结构引发路面水损害的出现。

（2）足够的耐磨耗和抗滑功能

稀浆封层的骨料多为强度较高的玄武岩，具有较高的抗滑耐磨功能，施工过程中摊铺厚度小，最大粒径在封层中起到增加摩擦力的作用，骨料间的内摩擦力可以提供很好的抗滑功能，使得其具有大的构造深度和摩擦系数，抗滑性能良好。

（3）良好的缝隙填充功能

稀浆封层拌和料中有大量起到黏结作用的乳化沥青，拌和料在施工中呈稀浆状态，填充性、流动性好，可以对路面上的细小裂缝和轻微的路面松散脱落起到很好的填充修复作用。

（4）良好的恢复道路外表的功能

道路由于使用过程中重复荷载作用，无论性能还是外观都会产生老化现象，由于表面沥青材料老化干涩，或者由于养护修补，路表外观不够理想，而稀浆封层对于使用较长的沥青路面具有较好的维护效果，采用稀浆封层罩面，可以使老路面焕然一新。

2.主要作用

稀浆封层技术的主要作用包括：防水作用、防滑作用、耐磨耗作用、填充作用、恢复路面外观。

3.适用范围

①维护和修缮破旧的沥青铺装路面。②用作砂石铺装路面的磨耗层。③作为新摊铺的沥青路面上的封层。④维护和修缮桥梁路面和水泥混凝土铺装路面。

（五）就地热再生施工

沥青路面就地热再生是采用专用的就地热再生设备，对沥青路面现场进行加热、翻松，就地掺入一定数量的新沥青、新热沥青混合料、再生剂等，经热态拌和、摊铺、碾压等工序，一次性实现对沥青路面表面一定深度范围内的旧沥青混合料再生的技术。

1.就地热再生的分类

根据施工工艺不同，就地热再生又可分为复拌再生、加铺再生和整形再生三种。

（1）复拌再生

将旧沥青路面加热、翻松，就地掺加一定数量的新沥青、再生剂等，经热态拌和、摊铺压实成型。

（2）加铺再生

将旧沥青路面加热、翻松，就地掺加一定数量的新热沥青混合料、再生剂等，经热态拌和成再生沥青混合料，摊铺压实成型。

（3）整形再生

将旧沥青路面加热软化、就地添加一定数量的再生剂、翻松、就地熨平，其上再摊铺一层新沥青混合料，一起压实成型的工艺。

2.就地热再生的适用范围

就地热再生用于旧路面的维修养护，它是一种预防性养护措施。就地热再生的主要目的是修正非结构承载力不足而引起的表面破坏，例如松散、开裂、车辙、坑洞、推移和拥包。就地热再生适用于沥青路面表层以下各结构层稳定的任何表面破坏形式。就地热再生路段选择原则为：

①非结构承载力不足引起的表面破坏路段。②基层稳定的表面破坏路段。③不会改变排水、路缘、下水结构、人行通道、路肩及其他结构物的路段。④交通控制的要求相对较低、上跨结构物净空足够的路段。

3.不宜进行就地热再生的路段

①进行过微表处、热层罩面、喷洒过养护材料的路段。②进行过多次铣刨维修的路段或交替铣刨维修路段。③进行过多次热修补、表面补丁多的路段。④裂缝深度超过40 mm且多的路段、中面层以下已产生开裂与损坏的路段、有地下水冒出的路段。

4.就地热再生的适应条件

由于就地热再生只对旧路面表层2~5 cm的沥青混合料进行再生，因此适合就地热再生的沥青混凝土路面必须满足一定的条件。

（1）现场条件

就地热再生需使用大型的专用设备，为确保施工质量，高速公路沥青路面施工现场应满足以下条件：

①具有发挥就地热再生特长的足够的工程规模：每段单车道1.0 km、

总量在10 km以上。②要确保现场的施工条件，一组施工机械通过时间需要1~2 h，加上再生混合料降温到可开放交通的时间，需要中断施工地点的交通。

（2）旧沥青路面需满足的条件

①主要用于路面承载能力满足设计要求，路面破损深度小于5 cm，消除路面的表面裂缝、车辙、推挤、拥包等表面病害。②如果路面产生剥落，可以通过该工艺新拌并被沥青裹覆，排水和路拱可以重新设置。③旧路面沥青的针入度应大于20（0.1 mm）。④原路面病害大部分路段应为表面破损，局部的不适应就地热再生的病害在进行就地热再生施工前应对其进行修补。

5.热再生施工机械设备

热再生工艺在近些年开始得到普遍应用，山东路达再生科技有限公司引进了一套热再生施工设备，并在滨州地区进行了试验路的铺筑。山东畅通路桥股份有限公司也跟山东路桥集团合作，研发了具有独立产权的热再生成套设备，并进行了试验段的铺筑。

6.热再生施工流程

加热系统采用热风循环加热技术，即以柴油为燃料，燃烧后产生热风来加热路面，施工现场烟尘污染较少，因其使用的是循环热风加热，循环热风中的含氧量极少，相对来讲沥青路面不易烧焦，沥青老化现象得到缓解。

用500~700 ℃的热风做介质对路面进行加热，无明火，因此，在城市道路施工时，不会对井盖处的管线造成损坏，也不存在将地下沼气或煤气引燃的危险。

7.热再生的优势

压实度、空隙率、渗水系数、车辙动稳定度等指标明显优于原路面。再生施工时，路表以下6 cm处的温度往往有100 ℃左右，经路面压实机械碾压后，再生层结合部原有的裂纹可以愈合，从而延长路面的使用寿命。

第三节　公路绿化养护

一、公路绿化养护内容及要求

（一）公路绿化养护内容

公路绿化是绿化国土的重要组成部分，也是公路建设的组成部分。绿化的目的是稳固路基、保护路面、美化路容、改善环境、减小噪声、舒适旅行、诱导行车视线，也是防沙、防雪、防水害的主要措施之一。

所有公路养护管理部门，都应配备专职人员负责公路绿化工作，合理地利用公路两侧边坡、分隔带和沿线空地等一切可绿化的公路用地范围，种植乔木、灌木、草皮、花卉和营造小型园林等。

公路绿化按其栽植位置、作用和性质，主要划分为防护林带、风景林和美化沿线景观的小型园林、花圃、草坪等。进行公路绿化时应根据公路等级及对绿化的功能要求、所在区域的环境、气候条件及沿线地形、土质等情况，进行栽培设计，选择绿化植物种类，做好乔木与灌木、针叶与阔叶、常青与落叶、木本与草本花卉的结合，并结合沿线自然景观，布设景点，达到防护与观赏相结合的目的，增加公路绿化美化效果，丰富公路景观。

在山区，应发展具有防护效能的绿化工程，如防护林带、灌木、草皮护坡等，以储蓄水分，滞缓地表径流，减轻水土流失，起到固土防坍的作用。

在平原区，应配合农田水利建设和园林化的总体规划要求，一般可栽植2~3行防护林带，以减轻或消除风、沙、雪、水等危害；在平交路口、桥梁、立交、环岛及分隔带、服务设施区等地，应配植观赏灌木、矮林、花木或多年生宿根物，以美化路容。

在草原区，应在线路两侧，栽植以防风、防雪为主的防护林带，以阻挡风、雪侵蚀危害公路。

在风沙危害地区，应选择固沙耐干旱根系发达的树种，以营造公路防风、固沙林带为主。

在盐碱区，应选择耐盐碱、耐水湿的乔木、灌木树种，配植行数较多的林带，以降低地下水位，改善土的结构。

在旅游区，如通往名胜古迹、风景疗养区及重要港口、水库、机场等的公路，应以美化为主，营造风景林带，配植有观赏价值的果树、常绿树、灌木、花卉绿树等绿化，美化设施，创建常年有花、四季常青的优美舒适环境。

（二）公路绿化养护要求

公路绿化对于保持景观效果、发挥生态效能、保障行车安全等具有重要作用。由于公路特定的环境条件，栽植的各种花草树木要实现正常生长，体现绿化效果，必须加强养护管理工作。否则不论选种、栽植多好，也达不到美化效果。因此，在公路绿化越来越受到重视的情况下，进一步重视和研究绿化养护的管理技术，进而建立一整套行之有效的措施，显得十分必要。

1.水分管理

目前，公路绿化带尤其是中央分隔带的绿化养护管理，由于战线长、数量多，又无自然喷灌系统设施，土壤持水量小，土质多为修建公路时遗留的杂质土，中央分隔带的花草树木所需水分主要靠人工补给。

在日常养护中，浇水次数多少，根据天气状况和旱情而定，以能保证各种植物正常生长为原则。在自然降雨量少的情况下，特别容易出现旱情，必须掌握好生长期的浇水，即4~10月的浇水次数。休眠期的浇水，即11月上、中旬的封冻水。2月中、下旬至3月上旬的解冻水，每次灌水量水深15~20 cm，单株每穴灌水0.15~0.20 m，如因坑小水量不足可连浇两次，不可水量过小，不能只浇表皮。

浇水应依次进行，以防漏浇。浇水必须适时，不能等旱情特严重时进行。在有条件的情况下，浇水后要适时松土除草，既减少土壤水分蒸发，又减少杂草与树木争水争肥，以利于保墒、通气和根系发达。院落、立交草坪应见干即浇，而中央分隔带的草皮一般随浇树时进行。

2.养分管理

在水分正常供应的情况下，要保证植物的正常生长发育，必须有相应的营养元素和养分物质的供应。对于中央分隔带，由于树木数量多、战线长，若用农家肥，其用料量太大，最好施用叶面肥。院落、立交匝道、广场等面积集中，土质较好，施肥量及次数可相应减少。

基肥一般在深秋和初冬进行，此时树木根茎以上均处于休眠期，而地下部分还处于高峰期，有利于根伤愈合，而且增加土壤孔隙度，有利于保墒。

施肥的季节应根据植物的生长特点决定，由于公路里程较长，施肥的次数一年两次为宜，最好与灌溉工作有机结合。施肥的时间一般在4~6月底前进行，不宜太晚，否则易引起树木抽条，不利越冬。肥料成分应以氮（N）、磷（P）、钾（K）为主，施肥后最好跟上浇水，以免肥效散失。

3.整形修剪

公路上行车速度快，空间封闭，必须确保绿化植物不能影响司机的行车安全，因此要及时对中央绿化带、边坡等区域的绿化植物进行定期修剪。

花灌木在修剪时间上应注意，凡先开花后出叶的，如榆叶梅、紫荆等，应在春季开花后压缩修剪老枝，适当疏剪弱枝，以促发壮枝，利于次年开花。对乔、灌木的修剪主要是为了提高成活率和注意培养树形，同时减少自然伤害。因此，应在树冠不影响美观的前提下适当重剪，其生长期修剪一般在5~6月份，休眠期修剪一般在10~11月份。但注意中央分隔带的刺柏、龙柏类由于生长相对比较缓慢，一般每年10~11月份修剪一次；黄杨每年在生长期和休眠期均要修剪。

立交区、院落、收费广场等树木的整形修剪，要本着"造型各异，美观大方"的原则，根据环境中的建筑物、地形地貌确定方法，还应保持原有设计图案形状，描绘出具有不同风格的园林艺术图案。修剪时尽可能添姿着色。

4.病虫害防治

由于公路绿化战线长，面积大，养护管理难度大，所以病虫害应以防为主，防治结合。因此要经常巡视，发现病虫害应及时防治，若不及时防治就会迅速蔓延。

在设计上注重绿地植物配置的合理性，设计时应注重混交，防止因配置不当而造成病虫害的发生。平时做好测报工作，做到早发现、早治疗。这样能收到事半功倍的效果。

预防性打药在每年的3月、10月各进行1次。喷药时间应在晴天、无风的早晨或下午进行，使用农药时要"巧、准、狠"，不能长期使用某一种农药，要对症下药，不能盲目用药。使用农药时的浓度要适度，喷药时要从叶上部和背部均匀喷洒，不得有遗漏。在实际工作中，要合理选用生物农药和化学农药，扬长避短，充分发挥农药的优越性。秋季在地面至1 m左右高的树干上涂刷一次细石灰浆，这样不仅可以防止菌染腐烂，还可以增加美观效果。

二、公路树木的栽植与管护

（一）公路树木的栽植

公路植树位置，要按规定栽植，在公路路肩上不得植树。

公路上植树，乔木及灌木的株行距一般要根据不同树种和冠帽大小来确定：速生乔木，株距4~5 m，行距3~4 m；冠大慢生的株距8~10 m，行距以4~6 m为宜；灌木的株行距以1 m为宜，灌木球的株距以6~8 m为宜。

各类树木的行间，应以品字形交错栽植，同一树种的路段不宜过长。具体的栽植横断面可按规范选取。

行道树、防护林及风景林等，不宜全线（段）采用单一树种，要根据情况有计划地配置适宜树种，分段轮换栽植（每段至少1 km）。

栽植公路树木，应按公路绿化工程设计及任务大小，合理安排和组织人力，做好整地、画线、定点、挖坑，及时选苗、起苗、运苗，在春秋适当时期进行栽植。

行道树和风景林，一般用明坑栽植，属于无性繁殖的树种，可埋干栽植。

防护林的栽植，应按因地制宜、因害设防的原则进行。一般防洪、防雪林带应密植，防风、防沙林带应留有适当通风空隙，防护路基边坡的灌木丛、经济林，一般应密植或与乔木混栽。

选苗工作应适合当地土壤、气候，选择速生和经济价值较大的树种及健壮优良的树苗。树苗要发育正常，有良好顶芽；根系发达，有较多的须根；苗茎、苗根未受虫害或有影响生长的机械损伤等。坑栽树木坑径应比根幅大5 cm以上，坑深比根长大5 cm以上，以使苗根充分舒展。

移栽树木应带原土栽植，土球直径一般为树木底径的8～12倍，尽量将土球削剪整齐，以提高树木成活率。

（二）公路树木的管护

公路树木的管护是绿化工作中的一项重要工作，也是实现公路绿化的成败关键。检验公路绿化的指标有三项：成活率、保存率和修剪管护状况。成活率是指栽植后发芽、长叶至少在一个生长季节以上的苗木占总栽植量的百分数。保存率是指成活两年以上树木占总栽植量的百分数。修剪管护状况是指修剪整齐美观，病虫害及时防治。

要做好公路树木的管护，应着重做好以下几项工作：

第一，幼树要加强抚育管理，应及时检查、灌溉、除草、松土、施肥、修剪、防治病虫害和补植等。

第二，成林要及时修剪、抚育，以促进树木发育健壮，树形优美，透光通气，减少病虫害发生，适时开花结果。修剪应在秋季落叶后、春季萌芽前进行。修剪主要是把乔木、灌木的枯枝、病枝、弯曲畸形枝、过密的分枝以及侵入公路净空，遮挡交通标志，影响视距的树枝，及时剪除。

第三，交通比较繁忙以及风景游览区的行道树或风景林带，要根据不同树种及特性进行修剪，使树木冠形相同，整齐美观。

第四，每年秋季或春季，可在树干上距地面1.0～1.5 m处，涂刷稀石灰浆、石灰硫黄浆或黏土硫黄浆，以防菌染腐烂并增加美观。

第五，在靠近村镇、风景游览区和风沙较大路段的各种新植树木，应设置支撑架、杆、护栏架和包扎树干等，防止人畜损坏，以保证成活率和保存率。但注意所采用的各种保护措施，应与环境协调。

第六，防治树木病虫害，应以预防为主，开展生物化学防治与营林措施相结合的综合防治方法，要严格检疫制度，保持林地卫生，消灭越冬虫卵、蛹，烧毁落叶虫婴、虫茧，及时清除衰弱木、病虫木等。

1.植物管护的一般方法

（1）植物灌溉

水是植物各种器官的重要组成部分，也是植物生长发育过程中必不可少的物质。依据园林植物在一年中各个物候期的需水特点、气候特点和土壤的含水量等情况，采用适宜的水源适时适量灌溉，是植物正常生长发育的重要保证措施。灌溉的主要内容包括：灌溉时期、灌溉量、灌溉次数、灌溉方式与方法以及灌溉用水。

①灌溉时期

A.早春季灌溉

随着气温的升高，植物进入萌芽期、展叶期、抽枝期，即新梢迅速生长期，此时北方一些地区干旱少雨多风，及时灌溉显得相当重要。早春季灌溉不但能补充土壤中水分的不足，使植物地上部分与地下部分的水分保持平衡，也能防止春寒及晚霜对树木造成的危害。

B.夏季灌溉

夏季气温较高，植物生长处于旺盛时期，开花、花芽分化、结幼果都消耗大量的水分和养分，因此，应结合植物生长阶段的特点及本地同期的降水量，决定是否进行灌溉。对于一些进行花芽分化的花灌木要适当控水，以抑制枝叶生长，从而保证花芽的质量。灌溉时间应选在清晨和傍晚时进行，此时水温与地温相近，对根系生长活动影响小。

C.秋季灌溉

随着气温的下降，植物的生长逐渐减慢，要控制浇水以促进植物组织生长充实和枝梢充分木质化，加强抗寒锻炼。但对于结果植物，在果实膨大时，要加强灌溉。

D.冬季灌溉

我国北方地区冬季严寒多风，为了防止植物受冻害或因植物过度失水而枯梢，在入冬前，即土壤冻结前应进行适当灌溉（俗称灌"冻水"）。随着气温的下降土壤冻结，土壤中的水分结冰放出潜热从而使土壤温度、近地面的气温有所回升，植物的越冬能力也相应提高。灌溉时间应在中午前后进行。

另外，植株移植、定植后的灌溉与成活关系较大。因移植、定植后根系尚未与土壤充分接触，移植又使一部分根系受损，吸水力减弱，此时如不及时灌水，植株因干旱使生长受阻，甚至死亡。一般来说，在少雨季节移植后应间隔数日连灌2～3次水。但对大树、大苗的栽植应注意：不能灌水过多，否则新根未萌，老根吸水能力差，易导致烂根。

②灌溉量

木本植物相对于草本植物较耐旱，灌溉量要小。植物生长旺盛期，如新梢迅速生长期、果实膨大期，灌水量应大些。质地轻的土壤如沙地，其保水、保肥性差，宜少量多次灌溉，以防止土壤中的营养物质随灌水流失而使土壤更加贫瘠。黏重的土壤，其通气性和排水性不良，对根系的生长不利，灌水量要适当多些；盐碱地灌溉量每次不宜过多，以防返碱或返盐。

根据植物需水期的大气状况来确定灌溉量。春季干旱少雨时期，应加大灌溉量；夏季降雨集中时期，应少浇或不浇。

掌握灌溉量大小的一个基本原则是保证植物根系集中分布层处于湿润状态，即根系分布范围内的土壤湿度达到田间最大持水量的70%左右。

③灌溉次数

一、二年生草本花卉及球根花卉（如凤仙花、大花三色堇、郁金香、仙客来、马蹄莲等）容易干旱，灌溉次数应较宿根花卉和木本花卉（如万年青、大花君子兰、荷苞牡丹、茉莉、变叶木等）为多。

北方地区露地栽培的花木，入冬土壤封冻前要浇一次透水，以防止冬寒及春旱。春夏季植物生长旺盛期，一般每月浇水2～3次，阴雨或雨量充沛的天气要少浇或不浇。秋季要减少浇水量，如遇天气干燥时，每月浇水1～2次。

疏松的土质如沙土，灌溉的次数应比黏重的土质多。晴天风大时应比阴天无风时多浇几次。原则是只要水分不足就要立即灌溉。

④灌溉方式与方法

一般根据植物的栽植方式来选择。灌溉的方式与方法多种多样，在园林绿地中常用的有以下几种：

A.单株灌溉

对于露地栽植的单株乔、灌木，如行道树、庭荫树等，先开堰，利用橡胶管、水车或其他工具，对每株树木进行灌溉。灌水应使水面与堰坡相齐，待水慢慢渗下后，及时封堰与松土。

B.漫灌

适用于在地势平坦的地方群植、林植的植物。这种灌溉方法耗水较多，容易造成土壤板结，注意灌水后及时松土保墙。

C.沟灌

在列植的植物如绿篱等旁边开沟灌溉，使水沿沟底流动浸润土壤，直至水分渗入周围土壤为止。

D.喷灌

用移动喷灌装置或安装好的固定喷头对草坪、花坛等用人工或自动控制方式进行灌溉。这种灌溉方法基本不产生深层渗漏和地表径流，省水、省工、效率高，且能减免低温、高温、干热风对植物的危害，提高了植物的绿化效果。

⑤灌溉用水

以软水为宜，避免使用硬水。自来水、不含碱质的井水、河水、湖水、池塘水都可用来浇灌植物。在灌溉过程中，应注意灌溉用水的酸碱度对植物的生长是否适宜。北方地区的水质一般偏碱性，对于某些要求土壤中性偏酸或酸性的植物种类来说，容易出现缺铁现象。

（2）植物施肥

①施肥方式与方法

A.环状沟施肥法

在树冠外围稍远处挖30～40 cm宽环状沟，沟深视树龄、树势以及根系的分布深度而定，一般深20～50 cm，将肥料均匀地施入沟内，覆土填平灌水。随树冠的扩大，环状沟每年外移，每年的扩展沟与上年沟之间不要留隔墙。此法多用于幼树施基肥。

B.放射沟施肥法

以树干为中心，从距树干60～80 cm的地方开始，在树冠四周等距离地向外开挖6～8条由浅渐深的沟，沟宽30～40 cm，沟长视树冠大小而定，一般沟长的1/2在冠内，1/2在冠外，沟深一般为20～50 cm，将充分腐熟的有机肥与表土混匀后施入沟中，封沟灌水。下次施肥时，调换位置开沟，开沟时要注意避免伤大根。此法适用于中壮龄树木。

C.穴施法

在有机肥不足的情况下，基肥以集中穴施最好，即在树冠投影外缘和树盘中，开挖深40 cm、直径50 cm左右的穴，其数量视树木的大小、肥量而定，施肥入穴，填土平沟灌水。此法适用于中壮龄树木。

D.全面撒施法

把肥料均匀地撒在树冠投影内外的地面上，再翻入土中。此法适用于群植、林植的乔、灌木及草本植物。

E.灌溉式施肥

结合喷灌、滴灌等形式进行施肥，此法供肥及时，肥分分布均匀，不伤根，不破坏耕作层的土壤结构，劳动生产率高。

F.根外施肥

又称为叶面追肥，指根据植物生长需要将各种速效肥水溶液，喷洒在叶片、枝条及果实上的追肥方法，是一种临时性的辅助追肥措施。叶面喷肥，简单易行，用肥量小，发挥作用快，可及时满足植物的需要，同时，也能避免某些肥料元素在土壤中的固定作用。尤其在缺水季节、缺水地区和不便施肥的地方，都可采用此法。叶面喷肥主要通过叶片上的气孔和角质层进入叶片，而后运送到植株体内和各个器官，一般幼叶比老叶吸收快，叶背比叶面吸收快。喷肥时一定要把叶背喷匀，叶片吸收的强度和速率与溶液浓度、气温、湿度、风速等有关。一般根外追肥最适温度为18~25 ℃，湿度较大些效果好，因此最好的时间应选择无风天气的上午10:00以前和下午4:00以后。

②施肥深度和范围

施肥主要是为了满足植物根系对生长发育所需各种营养元素的吸收和利用。只有把肥料施在距根系集中分布层稍深、稍远的部位，才利于根系向更深、更广的方向扩展，以便形成强大的根系，扩大吸收面积，提高吸收能力。因此，从某种角度来看，施肥深度和范围对施肥效果来说显得很重要。

施肥深度和范围要根据植物种类、年龄、土质、肥料性质等而定。木花卉、小灌木如茉莉、米兰、连翘、丁香、黄栌等和高大的乔木相比，施肥相对要浅，范围要小。幼龄树根系浅，分布范围小，以浅施为宜。壮龄树根系强大，分布较深远，施肥宜深。沙地、坡地和多雨地区，养分易流失，宜在植物需要时深施基肥。

氮肥在土壤中的移动较强，浅施也可渗透到根系分布层，从而被树木所吸收；钾肥的移动性较差，磷肥的移动性更差，因此应深施到根系分布最多处。由于磷在土壤中易被固定，为了充分发挥肥效，施过磷酸钙和骨粉时，应与厩肥、圈肥、人粪尿等混合均匀，堆积腐熟后作为基肥施用，效果更好。

③施肥量

施肥量受植物的种类、土壤的状况、肥料的种类及各物候期需肥状况等多方面影响。施肥量根据不同的植物种类及大小确定，喜肥的多施，如梓树、梧桐、牡丹等；耐瘠薄的可少施，如刺槐、悬铃木、山杏等。开花结果多的大树较开花结果少的小树多施。一般胸径8～10 cm的树木，每株施堆肥25～50 kg或浓粪尿12～25 kg；10 cm以上的树木，每株施浓粪尿25～50 kg；花灌木可酌情减少。

（3）植物除草松土

除草松土一般同时进行。在植物的生长期内，一般要做到见草就除，除草即松土。

除草松土的次数要根据气候、植物种类、土壤等而定。如乔木、大灌木可两年一次，草本植物则一年多次。具体的除草松土时间可以安排在天气晴朗或雨后、土壤不过干和不过湿时，以获得最大的除草保墒效果。

除草松土时应避免碰伤植物的树皮、顶梢等。生长在地表的浅根可适当削断。松土的深度和范围应视植物种类及植物当时根系的生长状况而定，一般树木范围在树冠投影半径的1/2以外至树冠投影外1 m以内的环状范围内，深度6～10 cm；对于灌木、草本植物，深度可在5 cm左右。

（4）露地植物越冬

①覆盖法

在霜冻到来前，覆盖干草、落叶、草席、牛粪等，直至翌年春天晚霜过后去除。此法常用于两年生花卉、宿根花卉，以及可露地越冬的球根花卉和木本植物幼苗。

②灌水法

北方一些地区，在土壤冻结前，利用水比热容大的特点进行冬灌来提高地面的温度，保护植物不受冻害。

③培土法

结合灌冻水，在植物根茎处培土堆或壅埋、开沟覆土压埋植物的茎部来进行防寒，待春季萌芽前扒开培土即可。此法多用于花灌木、宿根花卉、藤本植物等。

④涂白或喷白

用石灰加石硫合剂对树干涂白，不但可减少树干的水分蒸腾，还可防止因昼夜温差大而引起的对植物的伤害，并兼有防治病虫害的作用。对一些树干怕日灼和不能埋土防寒的落叶乔木适用此法。

⑤包扎法

对一些大型的观赏植物，在气温很低的时候或地方，用稻草绳密密地缠绕树干来防寒，晚霜过后及时拆除。

⑥设风障

对一些耐寒能力较强，但怕寒风的观赏植物，在来风的方向用高粱秆、玉米秆等材料捆编成的篱设风障防寒，也可用编织袋和竹竿、木棍搭成风障。

（5）园林绿地养护管理措施

一月份，矮灌木配合冬剪，剪去病枯枝。

二月份，是草坪早春管理的月份，检查草坪萌芽返青情况。

三月份，全面检查草坪土壤的平整情况，如低洼处适当增添薄层土，铺平后浇水、填压，对成片空秃或返青较差的部位及时补种。

随气温回升，一些害虫开始活动，及时施药，做好对蚜虫、地老虎等害虫的防治。

加施春肥，促进花蕾的形成和发育，对树木进行返青后的浇灌。

四月份，绿地进入复苏阶段，防止踩踏。根据草坪高度，进行第一次剪草。本月份是防治害虫的关键时期，应密切注意并有针对性的施药、灭虫、浇水。

五月份，是植物旺盛生长期，要及时修剪并进行防旱浇水，苗木扶正。应对早春开花的灌木进行整形修剪。

六月份，地被进入夏季养护管理阶段，应加强对春花植物施花后肥。注意蚜虫和红蜘蛛等害虫的防治，及时打药灭虫，并做好防大风和防汛准备工作。

七月份，重点进行常规修剪，使用除草剂，对草坪的杂草进行剔除。继续防治红蜘蛛等植物病虫害。

八月份，草坪、地被、乔木管理同七月份。

九月份，草坪、地被、乔木管理同七月份，对秋花地被进行施肥。

十月份，提升草高度，对地被进行整理，去徒长枝、竖向枝。做好植物防寒越冬准备。

十一月份，施加冬肥、浇灌越冬水。对苗木进行整形修剪，清除杂草、落叶、枯枝，继续加强植物防寒越冬准备。

十二月份，养护管理同十一月份。

2.园林树木的修剪与整形

（1）园林树木修剪与整形的意义

狭义的修剪是指对树木的某些器官（如枝、叶、花、果等）加以疏除或短截，以达到调节生长、开花结实的目的。广义的修剪指的是整形，所谓整形是指用剪、锯、捆扎等手段，使树木长成栽培者所期望的特定形状。现习惯将二者统称为"整形修剪"。

①整形修剪的意义

A.促进生长

剪去不需要的部分，使养分、水分集中供应留下枝芽，促使局部的生长，但若修剪过重，对整体又有削弱作用，这被称为"修剪的双重作用"。

B.培养树形，调节矛盾

因园林艺术上的需要，将树整修成规则或不规则的特种形体。一些企业设施复杂，常与树木发生矛盾。例如上有架空线，下有管道、电缆等，有些树触挂电线，这就要靠修剪来解决。

C.减少伤害

通过修剪可以剪去生长位置不当的密生枝、徒长枝及带有病虫的枝条，以保证树冠内部通风、透光，也可避免相互摩擦而造成的损伤。

D.促使开花结果

对于观花、观果或结合花、果生产的花树种，可以通过修剪，调节营养生长与花芽分化，促使其提早开花结果，获得稳定的花果产品或提高观赏效果。

②整形修剪原则

园林树木整形修剪受树木自身和周围环境等许多因素的制约，是一项理论与实践结合性很强的工作。整形修剪首先要"符合自然规律原则"，适应树木的自然树形及其分枝习性，还要符合"艺术原则"，使树木的姿态、形状符合园林景观的需要。

（2）园林树木修剪整形的方法及注意事项

①时期

修剪分为休眠期修剪与生长期修剪。休眠期修剪应在树液流动前进行。除常绿树和不宜冬剪树木外，都应在休眠期内进行一次整形修剪。其中有伤流的树应避开伤流期。抗寒力差的，宜在早春修剪。易流胶的树种，如桃、樱等，不宜在生长季修剪。

②方法及注意事项

A.剥芽

在树木萌芽的生长初期，徒手剥去树干无用的芽叫剥芽（又叫抹芽、摘芽）。剥芽时，应注意选留分布和方向合适的芽。对有用的芽进行保护，不可损伤。为了防止留下的芽受到意外的损伤，影响以后发枝，每枝条应多保留1~3个后备芽，待发芽后，再次选择疏剪。

B.去蘖

在新生枝末木质化时，除去主干或根部萌发的无用嫩枝条叫去蘖。在蘖枝比较幼嫩时，可徒手去蘖。已经木质化的，则应用剪子剪或平铲铲除，但要防止撕裂树皮或是遗留枯桩。

C.疏枝

把1年生枝或多年生枝从基部疏除的修剪，称为疏枝。乔木疏枝，剪口应与着生枝干平齐，不留残桩；丛生灌木疏枝应与地面平齐。簇生枝及轮生枝需全部疏去者，应分次进行，即间隔先疏去其中的一部分，待伤口愈合后，再疏去其他的枝条，以免伤口过大影响树木生长。

D.短截

将一年生枝剪去一部分，留下一部分枝条进行生长的剪法叫"短截"。剪去的部分与保留部分比例，根据不同需要而定，剪口的位置应选择在适合的芽上约0.5 cm处。空气干燥地区应适当长留，湿润地区可短留，剪口应为斜面并要平齐光滑。选择的剪口芽一定要注意新发枝条适合的方式，剪口下第一芽发枝弱，而剪口下第二芽发枝强，以后芽发枝依次减弱。在树木生长时期，除去枝条先端嫩梢，称"摘心"，也属于短截范围。

E.锯截大枝

对于比较粗大的枝干，进行短截或疏枝时，多用锯进行，锯口应平齐，不劈不裂。在建筑及架空线附近，截除大枝时，应先用绳索，将被截大枝捆吊在其他生长牢固的枝干上，待截断后，慢慢松绳放下，以免砸伤行人。基部突然加粗的大枝，锯口不要与着生枝平齐，而应稍向外斜，以免锯口过大。较大的截口，应抹防腐剂保护，以防水分蒸发或病虫及腐朽滋生。

F.抹头更新

对一些无主轴的乔木，如柳、槐等，若发现其树冠已经衰老，病虫严重，或因其他损伤已无发展前途，而主干仍很健壮者，可将树冠自分枝点以上全部截除，使之重新发枝，叫"抹头更新"。此方法不适用于萌发力弱的树种。

（3）园林树木修剪整形的时间

花灌木整形必须根据树木花芽分化类型或开花类别、观赏要求来进行。

春季在隔年生枝条上开花的灌木（分夏秋分化型），如梅花、樱花、迎春、海棠、丁香、榆叶梅等，其花芽在上年夏秋分化，经一定累积的低温期于今春开花，应在开花后1~2周内适度修剪。果树多在休眠期修剪。观花兼观果灌木，如枸骨应在休眠期轻剪。

夏秋在当年生枝条上开花的灌木，如紫薇、绣球、木槿、玫瑰、月季等，其花芽当年分化，当年开花，应于休眠期（花前）重剪，有利于促发枝条，促使当年花芽分化，并开好花。

（4）树木整形的形式

①自然形修剪

自然形能体现园林的自然美。以树木分枝习性、自然生长形成的冠形为基础，进行的修剪叫自然形修剪。一般只对扰乱树形的枝条、病虫枝、枯枝、过密的枝做些修剪，适合松柏类树种。

②造型修剪

为了达到造园的某种特殊目的，不使树木按自然形态生长，而是人为地将树木修剪成各种特定的形态，称为造型修剪。修剪形式有悬挂式、棚架式、圆球式，剪成各种整齐的几何形体（正方体、球体、圆锥体等）或不规则的人工形体，如鸟、兽等动物造型。

（5）松柏类植物的修剪整形

松柏类大多孤植于草坪，或用作行道树。而为使树干形成上下完整圆满的树体，对下部枝条一般不进行修剪，只对一些病虫枝、枯死枝以及影响树形的枝条进行修剪。对于主干明显，有中央领导枝的单轴分枝树木，修剪应注意保护顶芽，防止偏顶而破坏冠形；如果作为灌木培养，在距离地面30 cm处去尖修剪。

对自然铺地生长的沙地柏、鹿角松、爬地柏等采用匍匐式修剪方法。

（6）行道树的修剪整形

行道树以道路遮阴为主要功能，所处的环境比较复杂。首先多与车辆交通有关系；有的与地下管线、架空线有矛盾，在所选树种合适的前提下，必须通过修剪来解决这些矛盾，达到冠大荫浓等功能效果。

为便利车辆行驶，行道树分枝点一般应在2.5～3.5 m之上。其上有电线者，为保持适当距离，其分枝点最低不得低于2 m，主枝应是斜上生长，下垂枝一定要保持在2.5 m以上，以防树枝刮坏车辆。同一条街的行道树分枝点要整齐一致，相近树木间的差距不要太大。

为解决狭窄街道、高层建筑及地下管线等造成的行道树倾斜、偏冠，遇大风雨易倒伏造成危险的问题，应尽早对倾斜方向枝条适当重剪。而对另一方向枝条，只要不与电线、建筑有矛盾，就应轻剪，以调节生长势，使倾斜度得到一定的纠正。

总之，行道树通过修剪，应做到叶茂形美遮阴大，侧不堵窗，不扫瓦，不妨碍车人行路，不妨碍或碰架空线。

（7）花灌木的修剪整形

①新栽花灌木的修剪整形

花灌木一般都采用整棵树移植，为保证成活，一般应重剪。一些带土球移植的珍贵灌木树种可适当轻剪。移植后的当年，如果开花太多，则消耗养分，影响成活和生长，故要在开花前尽量剪除花芽。有主干的灌木或小乔木，如榆叶梅修剪时应保留较短主干，选留方向合适的主枝3～5个，其余的应疏去，保留的主枝短截1/2左右，较大的主枝上如有侧枝，也应疏去2/3左右的弱枝，留下的也应短截。修剪时注意树冠枝条分布均匀，以便形成圆满的冠形。无主干的灌木如玫瑰、黄刺梅、连翘，常自地下长出很多粗细相近的枝条，应选留4～5个分布均匀，生长正常的丛生枝。其余全部疏去，保留的枝条一般短截1/2左右，并剪成内膛高、外缘低的圆头形。

②灌木养护修剪

应使丛生枝均衡生长，使植株保持内高外低、自然丰满的圆球形。对灌丛中央枝上的外枝应疏剪，外边丛生枝及其外枝应短截，促使多生斜生枝。

定植时间较长的灌木，如果灌丛中老枝过多时，应有计划地分批疏除老枝，培养新枝，使之生长繁茂。

经常短截凸出灌丛外的徒长枝，使灌丛保持整齐均衡，但对一些具拱形枝的树种（如连翘）所萌生长枝条则例外。

植株上不作留种用的残花、废果应及时剪去。

3.树体的保护与修补

（1）树体的保护与修补原则

树体的保护必须贯彻以"预防为主"和"治早、治小、治了"的原则，采取慎重的科学态度，对症下药，综合防治，以保证树木不受或少受病虫害。

（2）树干伤口及树洞的处理

树干伤口，多是碰撞、鼠害、虫咬造成的，对于这些伤口多用塑料薄膜扎好伤口，以防风干，促进愈合。

一些古树干上会发生空洞，特别是古槐最为常见，树洞内藏污纳垢，不但影响树木生长发育，而且对于观瞻和游人安全都会产生妨碍。所以发现树木空洞，除有观赏价值外，一般应及时填补，时间最好在愈合组织迅速活动之前进行。填补树洞的材料主要是由麻刀灰砌补。先清除已腐朽的部分，并利用利刀刮净空洞的内壁涂以防腐剂，太深的洞，里面可以填砌砖石，但对腐朽严重的应改内钉木等，外抹麻刀灰，最外抹青灰或水泥。

（3）大树的支撑保护

有些大树树姿奇特，枝干横生，但由于树冠生长不平衡，容易引起根部负荷不平衡，发生倾斜或倒伏的问题，因此对生长不均衡的树木主干，延伸较长的枝权，都应加设立支柱或在树干适当部位打桩，以防风折。

三、草皮的种植及管护

（一）草皮种植技术

草皮在高等级公路及城市道路绿化中应用较多，主要应用于路肩、边坡、路堤、分隔带，交通岛及沿线空地等。公路种植草皮能防尘固沙，防止水土流失，巩固路基，调节气候，吸附有害物质，达到绿化、美化、净化公路环境的效果，从而有助于提供安全、舒适、优美的行车环境。

1.草种选择

草种选择是种植草皮的关键。公路绿化草种的选择要因地制宜，因路制宜、适地适草。一般来说，本地草种适应能力强，故应首选本地草种。如需从外地调用草种，则应尽量选用生态形式相同或相近的草种，但要先进行引种试验，待引种试验成功后再推广。

通常适合公路种植的草种应具有易繁殖、耐修剪、耐践踏、生长迅速、生长期较长、抗旱、抗热、耐寒、耐潮湿等特点。

2.种植技术

目前种植草皮的方法有三种，即播种法、播茎法和铺植法。

（1）播种法

草皮种子（或种子与细土混合均匀）采用撒播或条播，一般在春季或秋季进行。播种量可根据经验确定，如狗牙草每亩0.5 kg，假俭草每亩5～7 kg，结缕草每亩6～7 kg。

（2）播茎法

凡匍匐茎发达的草种，如细叶结缕草、狗牙根等，可采用播茎，就是将草皮铲起、抖落或用水冲掉根部附土，分开根部，用剪刀剪成小段，每段至少具有一节，一般每小段长4～10 cm，将茎的小段均匀撒播，覆压1 cm厚的细土，稍予填压，及时喷水，以后每天早晚各喷一次，待生根后，逐渐减少喷水。播茎一般在春季发芽开始时进行。

（3）铺植法

铺植草皮在公路绿化中较为常见，主要有密铺、间铺、条铺、点铺，基本步骤是：掘起草皮，取一定宽度的木板放于草皮上，沿木板边缘切取草皮，厚度一般为3～5 cm，同时，将草皮卷起捆扎好。运输草皮时，要用湿布覆盖草皮。按设计要求铺植草皮，草皮铺植完毕后，在草面上用木板或滚轴压紧压平，使草面与四周土面平齐，这样可使草皮与土壤密接，以防干旱，在铺植草皮前或铺植后应充分浇水。草皮的铺植一般在春秋两季进行，雨季铺植最易成功。

（二）草坪的施工与管理

1.草坪整地

草坪整地主要操作内容包括挖（刨）松土、整平、清理、施肥等，必要时还要换土。对于有特殊要求的草坪，如运动场草坪，还应设置地下排水设施。

（1）土壤准备

草坪植物根系分布的深度一般为20～30 cm。如果土质良好，有时草根可以深入地下1 m以上，在这种条件下，地上部分自然表现良好。种植草坪的土壤，厚度不宜少于40 cm，必须耕翻疏松，为草坪植物的生长创造良好的生活条件。并要把影响草坪建植的岩石、碎砖瓦块等清除掉。

（2）施底肥

在土壤养分贫乏和酸碱度不适时，为提高土壤肥力，在种植前要施用底肥和土壤改良剂。底肥主要包括磷肥和钾肥，有时也包括其他中量和微量元素，最好使用优质有机肥料做基肥。

施肥量：每亩可施农家肥2500～3000 kg，或麻渣1000～1500 kg。如需施磷肥可每亩施过磷酸钙10～15 kg，无论是何种肥料，都应粉碎，撒匀或与土壤搅拌均匀，撒后翻入土中。

（3）防虫

为防治地下害虫，保护草根，可于施肥的同时，施以适量农药，必须注意撒施均匀，避免药粉成团块状，影响草坪植物成活。

（4）整平

完成以上工作以后，按设计标高将地面整平，并注意保持一定排水坡度（一般采用0.3%～0.5%的坡度）。场地当中不可出现坑洼之处，以免积水，最后用碾子轻轻碾压一遍。

体育场草坪对于排水的要求更高，除应注意做好地表排水（坡度一般采用0.3%～0.7%）以外，还应设置地下排水系统。有些地段采用盲沟排水法。

整地质量好坏，是草坪建植成败的关键之一，要认真对待。

2.草坪播种

大部分冷季型草能用种子建植法建坪。暖季型草坪草中，假俭草、野牛草和普通狗牙根等均可用种子建植法建植。种子建植法比其他繁殖方法快；缺点是杂草容易侵入，养护管理要求较高，形成草坪的时间比其他繁殖方法要长。

（1）播种时间

主要是根据草种与气候条件来决定。播种草籽，春季至秋季均可进行。冬季不过分寒冷地区，以早秋播种为最好，此时土温较气温高，根部发育好，耐寒力强，有利于过冬。以华北B地区为例，以夏末秋初（8月下旬至9月上旬）播种最适合，此时雨季刚过，土壤墒情较好，气温尚高，有利于草籽发芽，而且一般杂草都已发芽。可于播种前清除，以免和草坪竞争；草籽出芽后还有一段生长时间，次年开春就能迅速萌发盖满地面，增强了与野草的竞争能力，可以很快形成草坪，而其他时间都有些不易解决的问题。如春季，天气干旱，土壤湿度小，气温低，不利于草籽发芽，且和野草共生，管理非常费工。雨季高温多雨，虽有利于草籽发芽，但遇暴风雨会冲刷草籽造成出苗不匀的现象。如播种过晚（迟于9月中旬），因生长期太短，不利于越冬，影响来年的生长发育。由于各地气候条件不同，应因地制宜地选择本地区最适宜的播种时间。草坪在冬季越冬有困难的地区，只能采用春播。但春播苗多易直立生长，播种量应稍多些。

（2）播种量

播种所遵循的一般原则是要保证足够量的种子发芽，每平方米出苗应在10000～20000株。影响种子播种量的因素有种子的发芽率、幼苗的活力、所播草坪草的生长习性、要求的建坪速度、种子价格、杂草竞争能力、潜在的病害和建坪后的栽培管理制度。一般草坪的播种量在25～40 g/m²，可以参考种子的说明书。

（3）播种

草坪草播种的要求是把大量的种子均匀地播撒于种床上，并把它们混入6～10 mm深的表土中。播得深或者没把它们混入土壤中都会导致出苗减少。如播得过深，在幼苗进行光合作用和从土壤中吸收营养元素之前，胚胎内储存的营养不能满足幼苗的营养需求而导致幼苗死亡。播得过浅，没有充分混合时种子会被地表径流冲走，或发芽后干枯。

表土疏松，播种后易于把种子混入土壤中，发芽出苗均匀一致。播种后应对坪床滚压，以便使种子与土粒接触。如不进行滚压，应覆盖地面覆盖物，以减少水分损失，防止发生土壤和种子侵蚀。

播种的关键技术是把种子均匀地撒于坪床上，只要能达到均匀播种，用任何播种方法都可以。很多草坪是采用人工播种的方法建成的，但因对播种者技术要求高，仅适宜小面积播种。大面积播种最好使用大型播种机。不但效率高，播种质量高，还能实现播种、滚压一次完成。

（4）喷播

喷播是一种把草坪种子加入水流中进行喷射播种的方法。喷播机上安装有大功率、大出水量单嘴喷射系统，把预先混合的种子、黏结剂、覆盖材料、肥料、保湿剂、染色剂和水的浆状物，通过高压喷到土壤表面。施肥、覆盖与播种一次操作完成，特别适宜陡坡场地如高速公路、堤坝等大面积草坪的建植。该方法中，混合材料选择及其配比是保证播种质量效果的关键。喷播使种子留在表面，不能与土壤混合和进行滚压，因此通常需要在上面覆盖植物（秸秆或无纺布）才能获得满意的效果。当因气候干旱土壤水分蒸发太大、太快时，应及时喷水。

（5）植生带

草坪植生带是指把草坪草种子均匀固定在两层无纺布或纸布之间形成的草坪建植材料。有时为了适应不同建植环境，还加入不同的添加材料，例如保水的纤维材料、保水剂等。生产植生带的材料为天然易降解有机材料，如棉纤维、木质纤维、纸等。植生带具有无须专门播种机械、适宜不同坡度地形、种子固定均匀、种子不易冲失、减少水分蒸发等优点，但费用相对较高。

3.草坪营养体建植

用于建植草坪的营养繁殖方法包括铺草皮、直栽法、插枝条和匍茎法。除铺草皮外，以上方法仅在强匍匐茎和强根状茎生长习性的草坪繁殖建坪中使用。营养体建植与播种相比，其主要优点是见效快。无论是种子建植还是无性建植，草坪草的健壮生长都要求良好的土壤通气条件、水分和矿物质。因此，无论采用何种建植方法都应细心准备坪床。

（1）铺草皮

铺草皮是最昂贵的建植草坪方法，它在一年中任何时间内都能生成"瞬时草坪"。新铺的草坪不能承受踏踩或娱乐活动，需要几周或几个月的时间重新扎根生长。

铺草皮时，要求坪床潮而不湿。如果过于干燥，特别是在高温下，即使铺后立即灌水，草坪草根系也会受到伤害。草皮应尽可能薄，以利于快速扎根。搬运草皮时要小心，不能把草皮撕裂或过分拉长。

铺设时应把所铺的草皮块调整好，使相邻草皮首尾相接，并轻轻压实，以便与土壤均匀接触。当把草皮铺在斜坡上时，要用木桩固定，等到草坪草充分生根，并能够固定草皮时再移走木桩。

在草皮之间和各暴露面之间的裂缝用过筛的土壤填紧，这样可以减少新铺草皮的脱水问题。填缝隙的土壤应不含杂草种子，这样可以把杂草减少到最低限度。

（2）直栽法

直栽法是种植草坪块的方法。最常用的直栽法是栽植正方形或圆形的草坪块。另一种直栽法是把草皮切成大小的草坪草束，按一定的间隔尺寸栽植。还有一种直栽法是采用在果岭通气打孔过程中得到的多匍匐茎的草坪束（如狗牙根和匍匐剪股颖）来建植草坪。把这些草坪束撒在坪床上，经过滚压使草坪束与土壤紧密接触，使坪面平整。由于草坪束上的草坪草易于脱水，因而要经常保持坪床湿润，直到草坪草长出足够的根系为止。

（3）插枝条法

插枝条法不像直栽草块和铺草皮那样，草坪草枝条上不带土，因此它们在干、热条件下易脱水。插枝条法主要用来建植有匍匐茎的暖季型草坪草，但也能用于匍匐剪股颖。通常，把枝条种在条沟中，相距15～30 cm，深5～7 cm。每根枝条要有2～4个节，栽植过程中，要在条沟中填土后使一部分枝条露出土壤表层。插入枝条后要立刻滚压和灌溉，以加速草坪草的恢复和生长。也可用上述直栽法中使用的机械来栽植枝条，它能够把枝条（而非草坪块）成束地送入机器的滑槽内，并且自动地种植在条沟中。有时也可直接把枝条放在土壤表面然后用扁棍把枝条插入土壤中。

（4）匍茎法

匍茎法是指把无性繁殖材料（草坪草匍匐茎）均匀地撒在土壤表面，然后覆土和轻轻滚压的建坪方法。一般在撒匍匐茎之前应先喷水，使坪床土潮而不湿。接着用人工或机械把打碎的匍匐茎均匀地撒到坪床上，然后覆土，使草坪草匍匐茎部分覆盖，或者用圆盘犁轻轻耙过，使匍匐茎部分插入土中。轻轻滚压后立即喷水，保持湿润，直至匍匐茎扎根。

4.草坪速植的覆盖

覆盖是为了减少土壤和种子冲蚀，为种子发芽和幼苗生长提供一个更为有利的条件，而把外来物覆盖在坪床上的一种措施。在灌溉条件良好、有喷灌设施时，可以不进行覆盖，但在斜坡地上或依靠天然降水的场合必须铺覆盖物。

好的覆盖材料要具有以下几种功能：

（1）使土壤和种子免受风和地表径流的侵蚀；

（2）调节土壤表层温度变化，保护已发芽的种子和幼苗不受温度急剧变化的伤害；

（3）减少土壤表层水分的蒸发，并提供土壤内或土壤表层较湿润的微环境；

（4）缓冲来自降水和灌溉下降水水滴的能量，以减少土壤表层结壳，从而使之具有较高渗透率；

（5）夏季可起到遮阴作用，使表层土壤保持凉爽，在冬季覆盖可起保温和减少冻融的影响。

并非所有的覆盖材料都具有上述各项功能，只是某些比另一些效果好而已。具体选择覆盖材料时，要根据地点的特定要求、费用和能否就地取材而定。常有人用草帘作为覆盖材料用在建植草坪上，覆盖快速方便，可连续使用两三次，但比秸秆价格高，透光率一般较低并不稳定。另外，还应密切监测草坪草的出苗情况，如揭开草帘的时间晚了，柔弱的幼苗会被强烈的阳光灼伤或被热风损伤。

在诸如陡坡和排水沟这些关键的地方可通过放置麻布网来稳固坪床。由麻制成的麻袋片效果也非常好。但为了避免使幼苗过分遮阴，在种子发芽后要把它们去掉。

在小型场地上，可用人工来铺秸秆和干草。在多风地区，可用绳网来稳固覆盖物。在大型场地上，通常要用专门的机械来完成铺覆盖材料的工作，这种机械可把覆盖材料剁碎并吹到坪床上。为了坪床上覆盖材料的稳固，在覆盖之后，还要把一种乳化沥青喷到覆盖材料上。对于松散的木质覆盖材料和有机残留物也可采用上述同样的方法来进行固定。

5.草坪的植后管理

播种或栽植后，必要时应加覆盖材料，然后灌溉，使坪床充分湿透。除铺草皮法之外，其他的无性建植法在灌水前应覆土，以防止草坪草脱水。同时频繁轻轻喷水，以防止草坪草干枯脱水，促进幼苗发育成长。在此期间应禁止践踏，等到草坪草完全覆盖地面成坪后才能够允许人员进入。

随着草坪草开始生长，为了确保草坪的正常生长发育，要加强包括修剪、施肥、灌溉、表层覆土和病虫、杂草的控制等管理措施。

（1）修剪

依据草坪的种类和计划管理强度，新枝条至少长到2 cm或更高时再开始修剪。修剪高度即留茬高度，每次修剪时，剪掉的部分不能超过草坪草茎叶自然高度的1/3，这就是草坪修剪必须遵守的1/3原则。

（2）施肥

在某些情况下，为了使幼苗、枝条和匍匐茎能快速成坪，少量多次的施肥方法非常有效，也是非常重要的。每次施用少量的化肥，可确保氮素和其他营养物质的充分供应，又不会因施氮肥太多而直接损伤植株或者阻碍根的生长和侧枝的形成。对于出苗期草坪草来讲，适宜的施用量大约是每亩1.6 kg速效氮肥或者每亩3 kg缓效氮肥。对于无性繁殖的草坪草，施用量可以高些。第一次苗期施肥应在第一次剪草之前进行，它对于补充幼苗根部表层土壤中的养分起重要作用。

（3）灌溉

对刚播种或栽植的草坪，灌溉是一项重要的措施。无论降水是否充足，它都有利于种子和无性繁殖材料的扎根和发芽。水分供应不足是造成草坪建植失败的主要原因。随着新建草坪草的逐渐成长，灌溉次数应逐渐减少，强度也应逐渐加强。在建坪后期，土壤表层有时需要足够干燥，这样才能支撑住修剪、施肥等机具的重量。

随着灌溉次数的减少，土壤通气状况得到改善，当水分蒸发或排出时，空气进入土壤中。生长发育中和成熟的草坪植物根区都需要有较高的氧浓度，以便于呼吸。

（4）表层覆土

并非所有的新建草坪都需要覆土。这项措施主要是用来促进具匍匐茎的草坪草的生长。覆土有利于根的发育和促进由匍匐茎长出的地上枝条的生长，覆土对高尔夫球场果领和发球区形成光滑、平整的草坪表面起着非常重要的作用。地表覆土施用土壤的质地应与草坪土壤的质地相同。否则，土壤会形成一个妨碍根区内空气、水和营养物质运动的分层现象。

由于土壤沉实深度不同，常造成草坪表面不平整，对草坪的使用和修剪质量产生不利影响。不断地覆土具有填充凹坑的效果。操作时要仔细，避免土壤过分地把植物组织盖住，从而使它们因得不到充足的光线而受到损伤。

（5）病虫及杂草的控制

在新建植的草坪中，杂草通常是最大的问题。建植前要确保草坪草种子、无性繁殖材料和覆盖材料中无杂草种子，这对建坪后杂草的控制是非常重要的。大部分除草剂对幼苗的毒性比对成熟草坪草的毒性大，某些除草剂能够抑制或减慢无性繁殖材料（包括草皮）的生长。因此大部分除草剂要推迟到绝对必要时才能施用，以便留下充足的时间使草坪成坪。由于阔叶杂草幼苗期对除草剂比成熟的草敏感，使用正常量的一半就可以了，并且对草坪草的危险性也小。对于控制马唐草和其他夏季一年生杂草，施有机砷化物时要推迟得更晚一些（第二次修剪之后），并且也要施用正常量的一半。在新铺的草坪中，必须施用苗前除草剂来防治在春季和夏季出现于草坪卷之间缝隙中的马唐草。但是，为了避免抑制根系的生长，要等到种植后3~4周才能施用。如果有恶性多年生杂草出现，但不成片时，在这些地方就要尽快地用草甘膦点施。如果蔓延范围直径达到10~15 cm时，必须在这些地方重新播种。在亚热带气候下，用冷季型草坪草品种来覆播暖季型草坪草。

过于频繁的灌溉和太大的播种量造成的草坪群体密度太大，易引起病害。因而，控制灌溉次数和控制草坪群体密度可避免大部分苗期病害。在某些情况下，建议使用拌种处理过的种子。一般是用甲霜灵处理过的种子来控制枯萎病病害。当存在有利于诱发病害产生的条件时，可于草坪草萌发后施用农药来预防或抑制病害发生。

在新建草坪中，发生虫害的可能性不大。但是，蝼蛄常在幼苗期危害草坪。当这种昆虫处于活动期时，可把苗株连根拔起，或挖洞导致土壤干燥，严重损毁草坪。蚂蚁的危害主要限于移走草坪种子，使蚁穴周围缺苗。常用的方法是播种后立即掩埋草种或撒毒饵驱赶。

第五章　桥梁养护

第一节　桥面系养护

桥面系主要包括桥面铺装、桥面铺装防水层、桥面排水系统、中央分隔带及隔离设施、伸缩缝等。

一、日常养护

桥面系日常养护工作内容主要来源于经常性检查和定期检查，发现的缺陷和病害以及养护单位的特殊要求。

桥面系日常养护一般指桥面系小修保养工作：

1.桥面清洁，无垃圾、飞石、污泥等。除定时清扫外，发现时要及时清除。

2.车行道表面应坚实、平整，无坑凹、破损、松动、车辙、拥包、推挤、泛油等。当发现小面积松动、破损时需进行日常养护维修。当损坏面较小时作局部修补，损坏面积较大时，应弄清病害情况和病害原因，及时开展维修工作。

3.砼桥面出现断缝、拱胀、错台、露骨、坑洞等病害时，应及时处理。损坏面积较大时，应整块或整跨凿除，重铺新的砼。

4.沥青砼桥面长期被水浸泡造成的脱落、拥包，应切断水源，清除损坏的部位，排水，干后修补。

5.发现裂缝时应做好标记、加强观察，对大于1 mm的砼桥面裂缝应查明原因。在确定无结构破坏和不继续发展的条件下，可灌缝封闭处理。

6.伸缩装置应保持清洁完好，发挥正常伸缩作用，满足桥跨结构由于温度变化、砼收缩、徐变所引起变形的需要。

伸缩缝日常养护维修需要做到：

（1）对伸缩缝要经常清除碎石、泥土杂物。异型钢类伸缩装置的日常维护项目，主要是清扫缝间积存的杂物。这些杂物如不及时清理，不仅会造成密封橡胶带（止水带）严重磨损破坏，也会影响伸缩装置的正常工作，甚至造成伸缩装置和梁端头的破坏。梳齿板、橡胶板或异型钢类伸缩缝表面，应每月进行一次清缝工作。伸缩装置下方的梁端缝隙，应每年清理不少于两次。伸缩装置的密封橡胶带（止水带），损坏后应及时更换。

（2）检查并拧紧松开的螺栓，加油保护。梳齿板和橡胶板式伸缩装置的固定螺栓应每季度保养一次，松动应及时拧紧。出现变形、开裂，行车有异常响声、跳车时，应及时维修。

（3）修理或更换个别损坏或失效部件。梳齿板和橡胶板丢失应及时补上，弹簧垫不得省略。严重破损的梳齿板和橡胶板，应及时按同型号进行更换。

（4）清洁位移箱不锈钢板表面，清洁保养一般每半年一次。

（5）对不同类型的伸缩缝，应按其特性制定针对性检查维护措施。

（6）异型钢伸缩装置的密封橡胶带损坏，应及时更换。封橡胶带的选择，应满足原设计的规格和性能要求。

（7）弹性体伸缩装置出现严重变形、翘起、脱落时，应及时清除、更换。

（8）钢板伸缩装置的钢板开裂、翘曲或脱落时，应及时补焊修复。

7.每月测量伸缩装置的间隙量，形成连续记录，分析伸缩变形是否正常，测量时间宜选择在与上年统计当月平均温度相当的日期。在每年气温最高、最低时，应定时测量伸缩装置的间隙，其间隙量不得低于或超过设计最小值或最大值。

8.经常对伸缩装置的水平错位、竖向升降进行观测和控制。当伸缩装置两侧沥青混凝土破损或平整度偏差大时，应进行清除后重新摊铺、碾压沥青混凝土，并应按新建要求重新安装弹塑体伸缩装置。

9.伸缩装置对应处的栏杆、平侧石、人行道、梁体等应断开，禁用沥青铺装层覆盖伸缩装置。

10.中央隔离设施应完好，活动设施摆放正确。

11.防水层损坏应及时修复，防水混凝土的抗渗等级应高于P6，重要工程的桥面防水混凝土的抗渗等级大于P8。

12.桥面更新应使纵横坡及排水系统得到改善。

13.桥面不允许随意增加荷载，包括新增桥面铺装厚度，新增设过江管线、新增大型装饰广告等。

14.架设在桥上的管线安全保护设施应完整、有效，线杆应安全、牢固，井盖应完好、平顺。

15.标志、标牌、信号灯应完好，损坏、缺失要及时恢复。

二、桥面系维护

桥面系维护指除了进行桥面系日常养护的病害维修之外的桥面系病害的维修。

（一）桥面铺装维护需符合的规定

1.不得随意增加桥面铺装厚度和静荷载，严禁覆盖伸缩装置。加盖一层结构层对桥面进行结构补强，桥体就会增加铺装材料总量的静荷载。这种做法不仅对桥梁的承载能力构成严重的威胁（尤其是老桥），也给交通安全带来极大的隐患。同时，在伸缩缝处的纵向线处出现凹陷，使行驶的车辆产生严重颠簸。

2.桥面更新后的横坡和纵坡，应满足排水要求。

3.架设在桥上的管线安全保护设施应完整、有效；线杆应安全、牢固；井盖应完好、平顺。

4.桥面上人行道铺装、盲道和缘石应完好、平整。当有缺损时，应及时维修或更换。

5.桥面作业时不得破坏原有完好的防水层和铺装层。

（二）水泥混凝土桥面铺装维护

1.水泥混凝土桥面铺装的病害处理和防护应符合的规定

（1）铺装层较严重的大面积表面脱落、麻面，可凿除后重新铺装混凝土面层。在桥梁承载能力允许的条件下，也可在病害处理后加铺沥青混凝土层，但其改造方案应经专项设计。当改造方案改变了原桥面设计标高后，其伸缩装置和保护带的标高，应作出相应调整。

（2）对宽度大于3 mm的桥面裂缝，应检查其发生原因，在确定无结构破坏和延续发展的条件下，可进行灌缝处理。

（3）铺装层的局部损坏：Ⅰ类养护的城市桥梁桥面松散、坑洞面积不应大于0.01 m²，深度不应大于20 mm；Ⅱ、Ⅲ类养护的城市桥梁不应大于0.02 m²，深度不应大于20 mm；Ⅳ类养护的城市桥梁不应大于0.03 m²，深度不应大于30 mm；Ⅴ类养护的城市桥梁不应大于0.04 m²，深度不应大于30 mm。当铺装层的损坏超过规定时，应进行补修。

2.水泥混凝土桥面的修补作业应符合的规定

（1）应确定修补范围，画线并切割成顺桥方向的矩形，不得扰动完好部分。切割深度应小于混凝土铺装厚度，但应满足桥面维修最小厚度，不得损坏防水层。

（2）修补结合面应清洁、无杂物、无松散，新旧混凝土结合面应连接牢固。新修补的混凝土强度等级不应低于原混凝土强度等级。

（3）桥面维修，可采用半幅作业、半幅通行的方法进行施工。

3.水泥混凝土桥面修补方案建议

（1）水泥混凝土结构的最小修补厚度：①当厚度大于3 cm时，可采用普通配比的水泥混凝土修补。②当厚度小于3 cm但大于2 cm时，应采用细石混凝土或环氧混凝土修补。③当厚度小于2 cm时，应采用环氧砂浆修补。

（2）新、旧水泥混凝土之间采用界面胶作为连接剂，可保证修复后的混凝土能够有效地形成整体。桥面铺装层中的钢筋网有损坏的，应按照原设计规定恢复后再浇筑混凝土，新旧钢筋之间可采取焊接方式，保证保护层厚度。

（三）沥青混凝土桥面的养护、病害处理和修补应符合的规定

1.沥青混凝土桥面的养护、病害处理和修补应按现行行业标准要求进行。沥青混凝土修补碾压作业时，应采取静压或水平振荡碾压方式。

2.桥面结构长期含水浸泡造成的脱落、拥包，应采取有效的排水措施，修补面干燥后，再进行面层修补。

3.修补沥青混凝土前，应检查桥面防水层，如有病害应先处置。

4.沥青混凝土修补时的新旧立面接缝处（包括沥青层与防撞墙或伸缩缝保护带混凝土立面接缝处）应采取防水措施。

5.沥青混凝土桥面可定期采取微表处、雾封层等预养护措施，相关要求应符合现行行业标准的有关规定。

（四）桥面防水层的修补应符合的规定

1.损坏的防水层应及时进行修补。防水层维修应按国家现行相关标准要求进行。

2.修补后的防水层，其防水性能、整体强度、与下层黏结强度和耐久性等指标，应满足原设计要求。

（五）防水混凝土结构层的维护

1.防水混凝土结构层的维修作业应符合下列规定：

（1）当防水混凝土表面脱落或粉化轻微而整体强度未受影响，且防水混凝土层与下层连接牢固时，应彻底清除脱落的表面和粉化物。

（2）当防水混凝土受到侵蚀，表面严重粉化且强度降低，或防水混凝土层与下层已脱离连接时，应完全清除该层结构重新进行浇筑。

（3）清理表面脱落层时，应清理至具有强度的表面完全露出。

（4）清除损坏结构层时，应切割成规整的边界，清除应彻底，同时避免扰动其他完好部分。

（5）钢筋网结构的防水混凝土层，在清除作业时，原钢筋应预留足够的搭接长度。清除作业结束后，应重新绑扎钢筋网。

（6）浇筑新混凝土前，作业面应清洁、粗糙、无杂物。新旧水泥混凝土的结合面处，应采用界面胶作为新旧混凝土间的连接剂，其连接抗拉强度应大于2.5 MPa。

（7）选用的防水混凝土抗渗等级应高于P6，且不得低于原设计指标要求。在使用除雪剂的地区和酸雨多发地区，防水混凝土的耐腐蚀系数不应小于0.8。严禁使用普通配比混凝土替代防水混凝土。

（8）可在修补面积范围内的桥面板上适当植筋。

（9）使用快凝混凝土修复材料时，其强度等级不得低于原结构层设计强度等级。

2.防水混凝土的要求

（1）防水混凝土结构的破坏原因

①强度破坏

一是该层自身强度不足造成的破坏；二是建桥施工中，在混凝土强度还没有达到要求时就铺装沥青结构或开放交通所造成的破坏。

②腐蚀破坏

酸雨、北方地区的除雪剂或其他有害物质的洒落，会渗过沥青面层长期浸泡水泥混凝土结构，造成水泥混凝土表层粉化和整体强度降低。

（2）防水混凝土的抗渗等级

桥面防水混凝土的抗渗等级最低定为P6。低于P6的混凝土常由于其水泥用量较少，容易出现分层离析等问题，抗渗性能难以保证。重要工程的桥面防水混凝土的抗渗等级宜大于P8。

（3）防水混凝土的配置要求

配置防水混凝土所用的各种材料，除要符合普通混凝土的配置要求外，还应满足下列条件：

①水泥强度等级不应低于32.5级。在不受冻融和侵蚀性介质影响的地区，可选择普通水泥、火山灰水泥、粉煤灰水泥；掺用加气剂时，可选用矿渣水泥。在受冻融影响的地区应选用普通水泥。在受侵蚀性介质影响的地区，应按设计要求选用水泥。防水混凝土的水泥用量每立方米不得少于300 kg。②石材最大粒径应小于40 mm；砂宜使用中砂；砂率宜用35%~45%；灰砂比宜为1：2.5~1：2.0；水灰比宜在0.55以下。③掺用加气剂或引气型减水剂时，混凝土含气量应控制在3%~5%。④各种材料必须按配合比准确称量。计量允许偏差为水泥、水、外加剂±1%；砂、石、掺合料±2%。

（4）混凝土的耐腐蚀系数

混凝土的耐腐蚀系数，是混凝土试块分别在侵蚀性介质中与饮用水中养护6个月的抗折强度之比。

（5）混凝土层的修补

为了保证修补混凝土层与下层混凝土能够有效连接，推荐在修补面积范围内的下层混凝土上适当植筋。

（六）伸缩装置维护

1.当伸缩装置出现损坏而无法修复时，宜选用原型号伸缩装置产品进行整体更换

选用其他类型（型号）伸缩装置产品，应符合如下规定：

（1）新型伸缩装置的伸缩量和承载能力应满足原设计要求。伸缩装置的安装高度应小于桥面板至桥面层表面间的高度差。

（2）当无伸缩装置设计资料时，应对伸缩量值重新进行计算。

一般伸缩装置产品的规格，除标准值（标称值）外，还会有一个极限值。但是，伸缩装置产品只有在标准值范围内工作才是安全的。所以，在选择伸缩装置产品时，其规格值必须大于设计计算值。当规格值等于（或略小于）设计计算值时，产品规格应高选一级。盲目追求安全而随意高选规格，也只能是造成浪费。

2.伸缩装置的更换施工应符合的规定

（1）伸缩装置的预留缝宽，应根据产品说明和施工时的环境温度计算确定。安装焊接时间，应选择一天中温度变化较小的时间段内。从开始焊接到焊接结束，环境温度变化不应超过5 ℃，安装焊接结束后，应立即拆除定位装置。

（2）当选择异型钢类伸缩装置时，设置的开口宽度应便于止水带的安装和维护。当梁端设计最大伸缩量小于30 mm时，异型钢类伸缩装置的最小开口宽度设置不应小于30 mm。

（3）桥面板（梁）或桥台背墙的锚固预埋件如有缺损，应补植连接锚筋。

（4）伸缩装置在安装焊接时，连接筋与锚筋的连接形式和焊接长度应符合焊接要求，严禁点焊连接。

（5）伸缩装置的水泥混凝土保护带，其强度等级应符合设计要求，且不得小于C40，宜采用钢纤维混凝土。

（6）梁端与桥台（梁端）之间应隔离、封闭，宜采用硬塑料泡沫板进行填充。伸缩装置下部和异型钢类伸缩装置支撑箱下部的空间应完全用混凝土充满。当伸缩装置的下部空间高度小于4 cm时，应改用同强度等级的细石混凝土进行浇筑。

（7）混凝土达到设计强度且伸缩装置安装完成后，方可恢复交通。

3.伸缩装置的更换施工

（1）伸缩装置安装的计算起点，准确计算伸缩装置在当前温度下的安装宽度，是保证伸缩装置在任何自然条件下都能正常工作的前提。由于混凝土的徐变和干燥收缩，使梁长缩短；梁头转角位移量，只能在无荷载的零到最大荷载时的最大位移之间变化，也可视为梁的缩短；只有温度的上升，才可以引起梁的伸长。所以在安装伸缩装置时，应以在最高温度时梁的伸长点作为计算起点，将绝大部分安全余量，放在最大拉伸位置一边。

在伸缩装置的计算起点，还应考虑预留一定的安全宽度，一般可以按设计富余量的1/3～1/2（或略小值），作为计算起点安全预留值。如果在基本伸缩量的计算中，加入了混凝土徐变和干燥引起的收缩量，计算起点端的安全预留值就可以忽略。

（2）对于梁端设计最大伸缩量小于30 mm的异型钢类伸缩装置，为了便于更换止水带，最小开口宽度设置不应小于30 mm。

（3）在安装伸缩装置时，如浇筑混凝土不能完全充满（特别是异型钢类的支撑箱下），伸缩装置的承载能力和抗冲击能力都会降低，伸缩装置的使用寿命就会缩减。

4.弹塑体型伸缩装置的施工步骤

（1）拆除伸缩装置原结构和两侧保护带至桥面板。

（2）在梁缝间覆盖钢板。

（3）在原伸缩装置工作面上，喷洒沥青粘层油，按路面高程摊铺沥青混凝土并碾压成活。

（4）以梁板缝为中心，用切割机按需要安装的宽度切割出两条缝，然后刨除两条缝间的沥青混凝土，形成安装槽。

（5）在梁缝间安放泡沫，并安放带有定位钉的钢板将梁缝遮盖。

（6）用烘烤加热器将作业面烘烤至70 ℃左右，刷涂黏结胶。

（7）将加热后的弹塑体胶体与热碎石进行均匀拌和，然后灌入安装槽内，按路面高程摊铺并碾压成活。

5.钢板伸缩装置和其他简易伸缩装置的改造处理

设计为钢板叠合型伸缩装置和其他简易伸缩装置的桥梁，伸缩装置结构大多是与桥面板浇筑在一起的，因而直接改造为弹塑体型伸缩装置难点是不易拆除成完整的安装作业面。一般可先拆除覆盖钢板和角钢，然后用铣刨机铣刨出符合改造要求的工作面，也可以使用切割机，按间距2~3 cm、同等深度排列切割，然后凿出工作面。

6.桥面板（梁）或桥台的锚固预埋件如有缺损，应按设计补植连接锚筋，补植连接锚筋的方法与要求

（1）在梁板上无筋处用电锤打孔，孔径大小比预栽埋筋的直径大4~6 mm，深度应大于锚筋直径的15倍。

（2）用高压气等将孔内粉尘和水分清理干净。

（3）将双组分专用植筋胶拌和后灌入孔内，将螺纹钢筋插入，待植筋胶达到完全硬化后再进行使用。

（4）连接锚筋必须使用螺纹钢，并且表面不能有锈痕和杂质。

（5）采用的植筋胶和植筋后的强度试验检验方法，应符合现行行业标准锚固用胶黏剂和植筋强度的指标要求。

（6）为了减少焊接温度对植筋胶强度的影响，锚筋焊点后要留有一定长度，在焊接时绑扎湿抹布减少热量的传导。

7.不同类型板式橡胶伸缩装置的更换

早期伸缩装置的橡胶板，是直接安装在角钢或水泥混凝土工作面上。这类产品早已淘汰，只能用新型板式伸缩装置进行更换。当旧缝处的安装高度和锚固条件能够满足新型板式伸缩装置的安装要求时，就可以进行更换。

（1）将旧型伸缩装置改造为弹塑体型伸缩装置

凡是伸缩量小于5 cm、安装高度在6~8 cm的板式橡胶伸缩装置、钢板式伸缩装置和其他简易伸缩装置，在重型车辆交通量不大的条件下，都可以改造为弹塑体型伸缩装置。

（2）改造为简易异型钢类伸缩装置和梳齿型钢伸缩装置

凡是伸缩量小于8 cm的各种老式伸缩装置，均可改造为简易异型钢类

伸缩装置；伸缩量小于12 cm的老式伸缩装置，也可改造为大伸缩量的梳齿型钢伸缩装置。

（3）改造为多模数异型钢类伸缩装置

大伸缩量的板式橡胶伸缩装置（伸缩量大于12 cm），如果梁头能够满足异型钢类伸缩装置的安装高度和结构要求，就可以改造成多模数异型钢类伸缩装置。

8.板式橡胶伸缩装置的更换时间，宜选择在春秋两季进行

伸缩装置的橡胶板体，是由钢板和橡胶复合而成的材料，在没有专用工具的情况下，极不易拉伸和压缩。为了方便安装，更换的时间宜选择在春秋两季进行。其中，最佳安装温度时段，应能使安装设置宽度近似于橡胶板体的常态宽度。

伸缩装置保护带应完好，不得有开裂、破损现象，坑洞的面积不得大于0.01 m²，深度不得大于20 mm。已松散和有坑洞的保护带，应及时修复。保护带小面积维修宜采用快速修复材料。

保护带与桥面的接缝高差，对Ⅰ类、Ⅱ类养护的城市桥梁不应大于2 mm，Ⅲ类养护的城市桥梁不应大于3 mm。

固定在不同结构上的伸缩装置相对高差，不应大于2 mm。

维修或更换伸缩缝时，应采取维持交通措施，如将桥面分为两个半幅施工；在伸缩缝上架设跨缝设施等。

第二节　桥梁墩台与附属设施养护

一、桥梁墩台养护

（一）日常养护

1.支座应定期检查和养护，并应符合的规定

（1）支座各部分应完整、清洁、有效，支座垫板应平整、紧密、锚固牢固。支座周边应干燥、洁净，无积水、油污。

（2）支座应每半年检查、清扫一次，应每年养护一次，支座各部分应

保持完整、清洁，有效使梁体支撑保持在正常状况下，桥跨伸缩自如。

（3）支座养护前应检查支座状况，并应与前一次检查养护结果进行比较，并留存记录。

（4）支座橡胶或四氟板应无开裂、变硬、老化。对各类橡胶支座应经常清除污水，防止油脂污染。

（5）盆式支座的螺栓不得有剪切破坏，螺母不得松动。

（6）球形支座是否灵活，每年应清除尘土，更换润滑油一次。

（7）滚动支座滚动面一般一年进行一次清洁及涂抹润滑油。

（8）固定支座应检查锚栓的坚固性，支承垫板应平整紧密。

（9）活动支座应保持灵活，实际位移量应符合设计规定。

（10）支座外露金属构件不得锈蚀，应定期清洁、除锈、刷防锈漆。除铰轴、辊轴、不锈钢滑动面外，每两年应涂漆防锈一次。局部除锈刷漆颜色宜和原色一致，整体除锈刷漆颜色宜和梁体颜色一致。

（11）滑移的支座应及时复位，损坏或状态达不到设计使用要求的支座应及时更换。

（12）支座周边积水应检查积水原因，及时处理，必要时可做散水坡。

桥梁支座因检查较困难，往往容易被忽视，故本手册规定要定期检查和清扫、保养，使其经常处于完好状态。

2.墩台保养应符合的规定

（1）墩台表面应清洁，并应及时清除青苔、杂草、荆棘等污秽。

（2）当圬工砌体表面部分严重风化和损坏时，应清除损坏部分后用与原结构物相同材料补砌，应结合牢固，色泽和质地宜与原砌体一致。

（3）当圬工砌体表面灰缝脱落时，应清除缝内污垢、杂物后重新勾缝。

（4）当混凝土表面发生侵蚀剥落和蜂窝麻面等病害时，应及时将周围凿毛洗净后进行表面防护。

（5）当立交桥墩靠近机动车道时，应在桥墩四周设置防撞设施。

（6）对易受流冰、漂浮物和船只撞击影响的跨河桥墩，应在桥墩上游设置破冰体或防撞措施。河床上的漂浮物和沉积物，当对桥梁安全构成威胁时，应及时清理。

桥梁墩台是桥梁的重要组成部分，它直接承受桥梁上部结构的荷载，同时将荷载传递给地基。墩台除承受上部结构荷载外，还要承受风力、流水压力、水压力、浮力以及外来物体的撞击力等力的作用。桥梁墩台在长年使用过程中，还将受到自然界各种因素的影响，如大气、雨水的侵袭，洪水的冲刷等。在地震区，还不可避免地受到地震的作用。

在以上各种因素作用下，桥梁墩台会产生各种病害，如裂缝、空洞、钢筋外露、锈蚀、老化、结构变形和移位等。桥梁墩台养护的目的和任务是为了使结构物完整、牢固、稳定。应防微杜渐，贯彻"预防为主，防治结合"的方针，定期检查、维修，及时处理所发生的各种病害，保证使用安全。

（二）墩台维护

1.支座的养护应符合的规定

（1）弧形支座、辊轴支座、摆轴支座应定期测量其位移值，位移值不得超过其容许值，当位移超限时应采取调整措施。

（2）应定期检查辊轴的变形、磨损，上下锚栓（特别是弧形支座）应无剪断、弯曲、断裂，损坏的应维修更换。支座钢板不得生锈，钢筋混凝土摆柱不得破损露筋，损坏时应及时维修更换。

（3）应定期检查橡胶支座的裂纹、钢板外露、鼓凸移位、脱空及剪切超限等病害。板式橡胶支座恒载产生的剪切位移应在设计范围内。橡胶支座应干燥清洁，当支座金属构件除锈刷漆时应对橡胶构件采取保护措施，油脂不得污染橡胶。损坏失效的橡胶支座应及时更换。支座支承垫石顶面应平整，整体完好，损坏时应及时修复。

（4）聚四氟乙烯滑板支座储油凹坑内专用润滑硅脂应饱满。

（5）盆式支座中的钢构件不得出现裂纹、变形、脱焊和锈蚀；支座位移和转角不得超限；螺栓不得有剪切破坏，螺母不得缺失和松动，防尘罩应完好。

（6）球形支座应检查各向转动性能，转动不得受阻碍。每年应清除尘土、更换润滑油一次。

（7）应定期检查盆式支座、球形支座的支座高度变化情况，校核支座内的聚四氟乙烯滑板的磨耗情况，支座高度变化值不应超过3 mm。

（8）当小跨径（板）桥的油毡垫层损坏、脱落、老化时，应及时更换为橡胶支座。

（9）当梁支点承压不均匀时，应进行调整。脱空支座宜采用注浆或加设不锈钢垫板的方式处理。支座复位或更换宜采用同步整体顶升的方式。

（10）对需抬高的支座，抬高量在50 mm及以内可垫入不锈钢钢板或调整支座型号；抬高量在50 mm以上的应进行专项设计，及时修复。

支座的损坏原因是多方面的，既有设计方面的原因，也有施工制作缺陷和维修养护不够等原因。加强平时的养护维修工作，可以防止支座损坏的扩大。

2.墩台

（1）墩台表面应保持清洁，墩台混凝土的一般缺陷可作常规修补。

（2）墩台出现变形应查明原因后采用有针对性的措施处理。

（3）墩台混凝土如出现裂缝，应查明裂缝类型、范围、部位及裂缝的长度和宽度，分析原因后进行处置。

①一般裂缝可作环氧封闭或压力注浆处理。②因基础沉降造成的裂缝，应先加固基础后再处理裂缝。③因支座功能障碍造成墩台拉裂时，应修复或更换支座后再治理裂缝。④因碱骨料反应、氯离子侵蚀、空气或水污染腐蚀混凝土，锈蚀钢筋，造成混凝土裂缝扩展、坏损等，应截断污染源，修补裂缝及坏损部位，必要时进行表面涂料防护。

（4）墩台的维修与加固应符合的规定

①当表面风化剥落深度在30 mm及以内时，应用M10以上的水泥砂浆或环氧砂浆修补；当剥落深度超过30 mm，且损坏面积较大时，应增设钢筋网浇筑混凝土层，浇筑混凝土前应清除松浮部分，用水冲洗，并宜采用锚钉连接。②墩台出现变形应查明原因，并采取有针对性的加固措施。

（5）当桥台发生水平位移和倾斜，超过设计允许变形时，应分析原因，进行加固。

（6）当桩或墩台的结构强度不足或桩柱有被碰撞折断等损坏时，应查明原因，进行加固处理。

（7）当桥台锥坡及八字翼墙产生变形和勾缝脱落时，应查明原因，及时进行修复。

（8）当支座处的盖梁混凝土出现局部破损时，应查明原因，及时进行修复。

如果墩台出现的变形是由于地基引起的，应先处理好地基再处理墩台。

桥梁墩台的纵向裂缝要引起高度重视，要分析是否与基础有关。对裂缝已贯通的墩台，采用钢筋混凝土围带或钢箍进行加固时，一般在墩身上、中、下分设三道围带，其间距应大致相当于桥墩侧面的宽度。每个围带的宽度，则根据裂缝情况和大小而定，一般为墩台高度的1/10左右，厚度采用10~20 mm，同时为了加强围带与墩台的连接，应在墩身埋置锚钉，把围带的钢筋网扣在锚钉上。

桥台发生水平位移和倾斜时，要根据损坏原因采用不同的处理方法。常用的方法有：减轻荷载法、支撑法、加辅助挡墙法、增设小跨径引桥法等。

桥台锥坡及八字翼墙在洪水冲击或填土沉降的作用下容易产生变形和勾缝脱落。修复时应夯实填土，常水位以下应采用浆砌片（块）石，并勾缝。

3.墩台基础

（1）桥梁的基础和地基应保持完整稳定，桥梁基础大致可分为天然地基上的浅基础、桩基础、沉井基础以及混合基础（柱式沉箱基础）等。由于每类基础所处的地质条件不同、基础形式不同，所产生的病害也不完全相同，但主要有以下几种：

①基础的沉降和不均匀沉降；②基础的滑移和倾斜；③基础结构物的异常应力和开裂。

当基础产生不均匀沉降、滑移、倾斜等现象时，将直接影响到墩台，使墩台产生很大的损坏，所以要重视保护基础。

（2）在桥梁保护区内的河段河床应保持稳定，应随时清理河床上的漂浮物和沉积物。不得在桥梁保护区内从事建筑活动、挖砂、采石和倾倒废弃物。

（3）桥梁基础出现冲刷过深或局部掏空时，应及时抛填块石、片石、铅丝石笼等进行维护。必要时在基础四周加设防护设施或灌注水下混凝土。

当基础局部被冲空时,主要采取用砌石或混凝土填补冲空部分的措施。

当基础周围冲空范围较大时,除填补基底被冲空部分外,还应采取相应的防护措施。

基础加固的常用方法有:扩大基础加固法、增补桩基法(打人桩或钻孔灌注桩)和人工地基加固法(改良地基)等。人工地基加固的方法很多,一般常用的有砂桩法和注浆法等。注浆法又可分为静压注浆和高压喷射注浆两大类。目前旋喷注浆加固方法使用较广,且效果较好,其加固范围和深度的设计计算另见有关专著。

(4)当连续梁桥墩台和拱桥不均匀沉降值超过设计允许变形时,应查明原因,进行加固处理。

连续梁桥和拱桥基础的不均匀沉降超过设计允许变形,会使结构中产生附加应力,引起结构损坏。加固处理应经过设计验算,维修后应对桥梁整体进行检测,使其满足正常使用功能和安全要求。

(5)抗倾覆性不足的独柱墩桥必须进行加固或改造。加固或改造后宜进行桥梁特殊检测。

已通行但抗倾覆性不足的独柱墩桥必须进行加固或改造,加固力求不改变原桥形受力体系,即优先采用对桥形受力体系不发生改变的加固方案。加固方案受地形、环境、经济、交通、加固方法、城市景观等条件限制,不容易解决。独柱墩桥的抗倾覆性不足时,可采用对桥形受力体系改变小的改造方案。加固或改造后宜进行桥梁荷载试验,通过特殊检测,确保桥梁受力符合设计要求,满足通行要求。

(6)当桥梁基础出现冲刷过深或局部掏空时,应及时抛填块石、片石、钢丝石笼等进行维护。必要时应在基础四周加设防护设施或灌注水下混凝土。

(7)当严寒地区的桩基出现浅桩冻拔或深桩环状冻裂状况时,应在冰冻开始前进行保温防护。

(8)当墩台变位所产生的附加内力影响到桥梁的正常使用和安全时,

或桥梁墩台基础自身结构出现大的缺损使承载力不够时，必须进行加固处理。

对于超静定结构，位移引起的附加内力超出允许值时会引起结构破坏，对其影响程度可通过观测和检算来确定。

（9）跨河桥梁墩台基础附近的河床应稳定。应观测桥梁上游50 m至下游50～500 m范围内的河床状况，当有异常时，应对桥梁基础进行检测和评估，必要时采取防护措施。

（10）当在桥梁桩基或浅埋基础的影响范围内埋设地下管线、各种窨井、地下构筑物时，应经计算采取加固措施后再施工。

4.锥坡、翼墙

（1）锥坡应保持完好、稳定。锥坡发生开裂、沉陷、被洪水冲空或其他破坏时，应及时维修加固。

（2）翼墙出现下沉、断裂或其他形式的损坏时，应及时维修加固。

二、桥梁附属设施养护

（一）日常养护

1.人行道

（1）人行道喷涂的通道内墙不得乱涂乱画，如出现涂画情况应及时予以清理。此外，通道地面内饰应每天清洁、擦拭、清理以保持清洁美观。

（2）无装饰的通道为了保护墙体免受侵蚀和保持墙体美观，宜每2～3年粉刷一次。有装饰的通道出现装饰物的缺失应及时补齐。如遇施工原因或其他因素造成装饰物空鼓，应及时修复，防止砸伤行人。装饰材料必须采用阻燃材料，避免燃烧伤人。

（3）通道内的电气设备应每月检测，特别是雨季前要对所有的电气设备遥测一遍，防止漏电伤人。电气设备线路老化应及时更换，以免漏电危及行人安全。如出现灯具损坏应及时更新，确保通道内有足够的照明度。

（4）通道内设置的抽水泵是为了防止汛期通道积水、雨水倒灌等情况，应每季对泵站设施进行保养，电机、水泵的保养应符合有关的机械保养规定。

（5）人行通道的环境不仅是市容环境的一部分，而且关系到行人安全，通道养护要做到以人为本。保持通道内的环境整洁，无积水、积冰、积雪等，这是保持良好市容环境的需要，也是保证行人安全的需要。如遇大雨、大雪天气，应及时组织人员进行清理，保证行人的正常通行。

（6）通道内的梯道、坡道极易损坏，特别是栏杆扶手松动、防滑条脱落、坡道粗糙程度降低，极易妨碍行人的安全通行。

（7）桥面上人行道铺装、盲道和缘石应完好、平整。当有缺损时，应及时维修或更换。

2.栏杆

（1）钢筋混凝土等非金属防护栏杆应牢固，表面干净整洁，无混凝土破损、露筋锈蚀等。

当出现这些缺陷时，应开展日常养护维修。当褪色严重或有表面脱落时，应清除并维修。

（2）金属栏杆应牢固，表面干净整洁，无焊缝断裂、脱落，无构件缺损，无防腐涂装起皮、脱落，无锈蚀，伸缩装置伸缩正常。当出现大量锈蚀、断裂、锚固失效时，需提请开展定期检查并及时开展维修工作。对有涂装的金属栏杆，应定期除锈、刷漆。

（3）涂料性能应符合设计要求，表面涂层应均匀、无漏刷、无流淌，并应符合相关养护规定。

（4）弯道部分、分流和合流口处的栏杆，宜设警示标志。

（5）护栏和栏杆在伸缩缝处应保证与梁体变位有相同的位移量。

（6）临时防护措施应牢固和醒目，使用时间不宜超过两周。

3.防撞护栏

（1）对有涂装的金属护栏，应定期除锈、刷漆，并应符合相关养护规定。

（2）在高路堤、桥头、临河路堤、陡坡等桥区，应设置防护栏。防护栏应完整、醒目、有效，缺损期不得超过7 d。

（3）桥梁不同位置设置的防护栏有所不同，但要起到保障安全的作用，同时兼顾整齐、美观的效果。

（4）在快速路出口匝道的导流岛处，应设置具有消能作用的防撞设施。

4.人行天桥的附属设施

（1）梯道防滑条应完好、有效，对不满足防滑功能的人行道面应进行改造。梯道、坡道不得积水，结冰、积雪应及时清除。桥面铺装应完好、牢固，不得有大于0.01 m²的坑洞、大于10 mm的翘起或大于0.02 m²的空鼓。

梯道的防滑条是确保行人安全通行的结构，防滑条的损坏直接关系到行人的安全问题，因此发现损坏要及时修复。梯道要经常清扫，雨后、雪后及时清除积水、积雪，防止行人滑倒。

（2）栏杆应完好、清洁、直顺、坚固。严禁人行天桥的人群荷载超过设计标准。

栏杆是天桥上行人的安全防护设施，要求经常检查、养护，并应结合检查结果对天桥栏杆水平推力进行抽检测试，发现损坏或不满足设计要求的要及时维修。

（3）封闭式天桥应清洁、通风，封闭结构应完好。

（4）当天桥上方的架空线距桥面不满足安全距离时，桥上应设置安全护罩，护罩距桥面的距离不应小于2.5 m。高架线安全距离不够时可能发生触电事故。

5.声屏障、灯光装饰

（1）定期对声屏障结构部件、连接螺栓、钢化玻璃、吸声孔进行检查，发现破损应立即进行修复。

声屏障的主要作用是降低城市噪声，除定期清洁、维护外，发现缺失应及时恢复。

（2）检查声屏障内部隔音填充材料，如有缺失或老化应尽快进行增补及更换。

桥梁的景观灯饰是城市夜景照明的一部分，灯光电源应由专人定期检查维护，景观灯饰出现损坏影响视觉效果时，应及时更换维修。

6.调治构造物

调治构造物是桥渡河段内用于导流和调治水流的水工构筑物。包括导流堤、梨形堤、丁坝、顺坝和格坝等。主要作用是保证和改善桥渡在汛期的工作条件，使洪水顺畅通过桥孔，保证桥梁的正常使用。因此，调治构造物应保持结构的完好、导流顺畅。

（1）洪水前后，应巡查并应及时清除调治构造物上的漂浮物。

调治构造物应定期巡查，特别是洪水前后应加强巡查并及时清除调治构造物上的漂浮物，如杂草、荆棘等。

（2）在汛期前，调治构造物应检查维修一次，不得有大于0.3 m的空洞缺损、大于5 mm的开裂、大于0.2 m²的塌陷和松散。

为确保调治构造物对桥梁起到保护作用，汛期前应对调治构造物进行维护检修，如局部损坏超过标准范围应在汛期前完成修复工作。

7.标志牌

（1）桥梁应设置桥名牌、限载牌和限高牌。桥名牌应包括桥名、建造年月。

（2）桥名牌、限载牌和限高牌等标志设施应保持完好、清晰。

（3）当桥名牌、限载牌和限高牌等标志设施松动或倾斜时，应及时修复，严重破损的应及时更换。

8.其他设施

（1）桥梁的遮光板应完整、有效，不得误挂和缺项，遮光板变形后应立即恢复。

遮光板既可以指示行车路线，又可以防止会车时由于逆光而造成的事故。遮光板必须经常检查，一旦发现缺失、损坏应及时修复。

（2）快速路两侧宜设置防护网，上跨快速路及铁路的天桥、有人行步道的立交桥两侧应设防护网，防护网应完整、美观、有效。防护网应定期检查维护。

快速路设置防护网可有效地阻止行人穿行，既可以保护行人安全，又可以确保车辆行驶安全。防护网宜采用网身轻巧、造型新颖、美观耐用的材料，整体应稳定牢固、防锈抗氧化，网身应保持完好、无破洞，网上保持干净无杂物。

（3）限高门架应稳固，并定期进行检查维护。对松动或被车冲撞的，应立即维修。反光警示标志应及时清洗，油漆褪色、掉漆应及时翻新。

设置限高门架是为保证桥梁安全，防止车辆因超高撞击桥梁梁体，造成梁体损坏，应定期检查，发现损坏立即维修，警示标志应保持醒目。

（4）避雷装置应完好。避雷针接地线附近严禁堆放物品和修建任何设施。严禁挖掘地线的覆土，并应采取防冲刷措施。避雷针和引下线及地线，每年春季雷雨季节前应检测。当防雷性能降低时，必须及时修理。

避雷装置对桥梁受雷击时起着均压、屏蔽等作用，保护桥体本身及桥上人和设备的安全，故桥梁防雷装置不易破坏，应经常检查。检查时应采用仪器设备对接地线电阻进行测试，对接地线电阻不满足要求的应及时更换。特别对系杆拱桥、悬索桥、斜拉桥等高结构桥梁，在雷雨季节受雷击的概率较高，雷击可直接造成桥体的结构破坏和桥面行人受伤，还会对桥上安装的电气、通信和监控等弱电子设备造成影响。

（5）索塔的爬梯和工作电梯，应每季度检查保养一次。在上塔前应先检查其可靠性，严禁非检修人员登梯。爬梯宜每五年除锈涂漆养护一次。

（6）桥区内绿化不得腐蚀桥梁结构和影响桥梁安全，不得影响桥梁养护、检查和行车安全。桥区内绿化支架、花盆、外饰面板和绿化排水系统应完好、牢固、整洁，每季度检查一次，当遇台风等恶劣天气时应加强巡检。支架不得锈蚀、变形、脱落，花盆不得锈蚀、开裂、失稳、坠落，外饰面板不得松动、脱落、破损。绿化排水系统应完整、排水顺畅，应无漏水现象。

桥区内绿化不仅要美观，还要不影响桥梁使用功能、耐久性和养护，若防护设施与绿化设施不协调，应以防护设施为主。桥区内绿化支架、花盆、外饰面板、绿化排水系统等如归其他管理部门养护，应符合本标准规定。

（7）自动扶梯、垂直电梯应由专业人员维修、保养，并应执行相应安全技术标准的要求。按规定时间进行安全检查，对安全检查不合格的严禁使用。自动扶梯停运期间不得作为人行梯道使用。

随着城市管理水平的提升，越来越多的人行天桥、人行地下通道安装自动扶梯或垂直乘客电梯。自动扶梯和垂直乘客电梯都属特种设备，电梯的制造、安装、维护、运营、检查、检测必须符合国家法律条文及现行标准的规定。

（二）结构维护

1.桥面泄水孔应完好、畅通、有效

当收水口无法正常汇水时，应查明原因后，采取针对性措施，并对收水口周边桥面或引道进行系统改造。

为了迅速排除雨水，防止雨水渗漏入梁体引起锈蚀而影响桥梁的耐久性，以及防止桥面积水影响行车安全，桥面的泄水孔应定期掏挖，如有损坏要及时修复。

2.桥面泄水管和排水槽应完好、畅通，外观整洁美观

雨季前应全面检查和疏通，降水较多地区可加大检修频率，出现堵塞、残缺破损应及时疏通或维修更换。跨河桥梁泄水管下端露出不应少于10 cm，立交桥泄水管出口宜高出地面30～50 cm或直接接入雨水系统。雨季到来之前，桥面排水设施均应全面检查、维修。

3.人行道的养护应符合的规定

（1）表面应平整、无障碍物、无积水，块件应无松动、残缺，相邻块高差应符合要求。

（2）缘石和台阶应稳定牢固，不得缺失。

（3）人行道上检查井不得凸起、沉陷，检查井盖不得缺失。无障碍坡道及盲道设置应符合现行国家标准的规定。

（4）人行道下埋设管线应符合规定。

（5）当人行道维修或更换时，不得损坏防水层，损坏的防水层应按桥面防水层的修补要求进行修补。

（6）人行道伸缩缝的养护应符合伸缩缝装置的规定。

人行道养护要及时修复破损的设施，要分析破损的原因，如自然损坏、人为损坏、自然侵蚀等，针对不同损坏原因进行有效的修复和日常养护维修。桥梁人行道养护应重视防水层和伸缩缝的细节处理，形成全桥整体防、排水系统，确保伸缩装置贯通。

4.人行通道的主体结构应每季检查

通道主体结构出现裂缝、下挠、倾斜、下沉等情况，并超过规定范围时，通道即处于危险状态，必须及时采取临时防护措施。待查明原因后予

以加固、修复。主体结构漏水是通道最容易发生的问题之一，应查明漏水的原因，针对不同的原因采取相应的措施，防止由于长期水流侵蚀造成主体结构的严重损坏。

5.人行通道内的排水管线应完整、通畅

通道养护应每季掏挖排水管道，如排水管出现破损应及时更换，以免破损管段阻塞管线造成排水不畅、积水，影响通道使用。

通道内的装饰墙砖、地砖等不得有丢失、缺损，如发现缺失应及时补修。

6.栏杆应完整、牢固、美观、有效

当有松动、变形、缺损、锈蚀时，应及时维修或更换。栏杆安装的线形和坡度应符合设计规定，外观应流畅平顺、连接牢固。

7.栏杆养护应符合的规定

（1）混凝土栏杆、石质栏杆和金属栏杆的损坏，应按原结构和相同材质进行恢复。石质立柱与底座连接应牢固可靠。

（2）当栏杆有严重变形、断裂和残损时，应及时按原结构恢复。栏杆安装应整齐、牢固。

（3）伸缩装置处的栏杆或护栏维修后，应能满足桥梁随温度变化的位移，金属栏杆不得将套筒焊死。

8.防撞墩（墙）和防撞栏杆

防撞墩（墙）和防撞栏杆不得缺损、变形、锈蚀；被撞损后，宜在3~7 d内恢复

防撞墩及防撞栏杆可有效保护桥梁因被撞而造成的损失，同时也是行车安全的保证。因此，当防撞墩及防撞栏杆发生损坏后要及时修复。

9.防撞墩（墙）和防撞栏杆养护应符合的规定

（1）对混凝土裂缝大于3 mm、小于5 mm的，可灌缝封闭。

（2）对表面露筋且钢筋未变形、拉断的（非结构破坏），应凿除损坏部分且钢筋除锈，进行防腐处理后，采用不低于原结构强度的材料进行修补。修补材料与原结构连接应牢固、平整。

（3）对防撞墩（墙）混凝土裂缝大于5 mm或因撞击造成结构性破坏的，应拆除该段混凝土结构并重新浇筑。对锚固筋缺损的，应补植锚固

筋，钢筋绑扎形式应符合原设计要求。

（4）严禁使用砖砌筑代替原结构。对被损毁的钢结构，应恢复原样。

10.桥头搭板养护应符合的规定

桥头搭板应完好，当桥头搭板下沉、破损、断裂及板底脱空时，应及时修复。桥头搭板是桥头填土与桥台之间的过渡结构，导致搭板下沉影响路面平整的原因很多。主要分为以下三方面：①搭板近台端设计，施工中有不合理的地方无法发挥搭板应有作用。②搭板结构设计、施工中，如果拉杆、外锚栓的位置不当导致搭板发生损坏。③搭板四周低洼造成积水，水分透过伸缩缝下渗对路基中的回填土造成侵蚀，使其流失最终导致支承力作用消失，便搭板脱空逐渐变形，变弯，出现裂纹，甚至折断。桥头搭板的养护十分重要，对于确保车辆的交通行驶安全和提高行车舒适度，提高道桥的综合社会效益降低后期养护费用具有十分重要的意义。

第三节　城市桥梁机电设施管养

一、城市桥梁机电设施管养的总体要求

城市桥梁机电设施管养工作以充分发挥设施、设备的使用性为原则，以确保设施、设备的耐久性、匹配性及稳定性为目的，不断提高管养质量，使城市桥梁机电设施处于良好状态。

1.城市桥梁机电设施管养工作必须贯彻安全第一的方针，制定安全技术措施，加强安全教育，严格执行有关国家标准、行业标准及地方相关标准。

2.对于城市桥梁机电设施的检查和维修，须熟练掌握其工作状态，不断提高对机电设施故障预判的能力，根据实际情况制定维修计划，必要时应安排大中修和改建计划。

3.加强城市桥梁机电设施管养工作费用的核算和成本分析，避免出现重复管养及资源浪费的情况。

4.加强城市桥梁机电技术管理，正确评价使用状况，提出科学的维护计

划，积极推广应用新技术、新设备、新工艺和新材料。

二、供配电系统

（一）一般规定

1.变配电站运行管理应建立岗位责任制，明确工作内容、工作程序、运行规程及注意事项等，同时按规程开展巡视检查、维护工作。

2.变配电站设施应保持整洁、完好，不得有积水、漏水、渗水现象。内部灯光、通风设施应保持正常，自然通风要保持良好，站内温度宜保持在24 ℃以下。

3.变配电站的附近环境不得有腐蚀性气体、站内外不得堆放各种易燃易爆物品，不得有积水现象。

4.变配电站内的安全用具：高压验电笔、接地线、绝缘垫、鞋、手套、木（竹）梯、标示牌、灭火器材等必须配置齐全，同时按照规范要求定期对绝缘安全用具进行耐压、安全试验。

5.站内注油电气设备、冷却设备、照明设备、控制设备及辅助设备均应保持完好、可靠。

6.变配电站房、场地应定期进行保洁，清除场地垃圾、门窗灰尘，及时处理电缆沟槽积水，保持站房整洁。

7.变配电站的电气箱柜、仪器等定期进行保洁，清除表面浮灰、油污、确保箱柜、仪器整洁。

8.停电养护的项目，保洁时必须切断电源，检查可能带电的部位，确认停电范围，并按照电力安全操作规程做好其他安全防护措施。

9.应按规定周期落实变压器等电气设备的测试、检验工作，设备检修后，应经验收合格，才能投入运行。

10.电气设备、系统线路如有变更，应及时修正档案资料，资料与设备系统线路实际情况必须相符合。

（二）检查与维护

1.供配电系统的巡视检查分为日常检查、周期检查、特殊检查

（1）日常检查

对供电系统运行状态进行观察，检查是否有异响、异味、异常读数等情况，并做好运行工作记录。

（2）周期检查

对高低压电气设备、变压器油温、干燥剂、冷却装置、仪器指示、信号等各项内容进行检查，并做好记录。

（3）特殊检查

阴雨、潮湿、雷雨、高温、强冷气候应进行特殊检查（包括定期夜间检查），并做好记录。

2.供配电系统的维护要求

（1）技术人员对供配电系统进行维护的时候，须严格遵守操作程序。检查和维护的时候一定要在停电的情况下进行。并且要提前通知值班管理人员，对相关人员和部门进行告知，确定停电的时间，便于其他工作人员合理安排自己的工作并做好应急准备。同时在停电状态下，对供配电设备进行检修和维护，也能确保工作人员的安全。

（2）城市桥梁供配电系统涉及高压，一旦处理不当，发生漏电或与人体接触，会瞬间致人死亡。因此进行维护的人员，必须是专业电力技术人员，具有丰富的经验和专业技能，精确地掌握供配电原理及系统内部的工作器件技术要求，才能及时准确地发现问题，并保证自身安全。

（3）在对高压配电室进行维护和检修的时候，应按照电力操作过程的要求，须至少有2人及以上人员陪同，一旦发生任何事故应立刻报告和处理，严禁独自一人进行高压配电室工作。

3.供配电系统的维护周期

供配电系统长期保持高负荷的运行状态，根据材料和设备、使用负荷等综合情况不同，随时可能发生电力故障，因此其维护和检修工作是一个长期的任务，除了日常的巡查和维护外，还应建立定期的大型的检修周期。

（1）日常维护。主要维护及检修工作如下：①检查各个配电设备指示灯是否正常，它是显示设备是否正常运行的最明显的标志。②检查各高低压配电柜柜门是否正常关闭，里面的元器件是否正常运行，表面有无污染，各仪表上的指示器、开关、继电器的控制线是否正常，有无松动，如有应该进行紧固工作。③及时清除所有设备上的灰尘和污染物，防止灰尘堆积过多造成线路短路。④检测所有的外接电路及电路是否有松动情况，有无接头处老化和变形等情况。如有应该及时通知相关部门进行更换。⑤检测各个开关是否开闭顺畅和正常，各类插线和接线的位置是否有生锈、变色或接触不良等情况。以及其他的通风、排风、降温、消防设施设备是否运行正常等。

（2）此外还应定期进行月度、季度、半年度和年度的大型检修和维护工作。

4.常见城市桥梁供配电系统故障分析及处理

城市桥梁供配电系统主要涉及5.5 kV中压系统及10 kV市电系统，专业较多，且技术复杂，同时具有较高的安全风险，如果处理不当，很容易造成安全事故。特别对交通枢纽来说，一旦发生电路故障，导致大面积停电，将对车辆通行造成严重影响，因此供配电系统及电路的运行维护和常见故障处理至关重要。

三、电力电缆线路

（一）一般规定

1.技术人员应全面了解供电系统中的电缆型号、敷设方式、环境条件、路径走向、分布状况及电缆中间接头的位置。

2.电力电缆线路运行中严禁由绞拧、压扁、绝缘层断裂和表面严重划痕缺陷，保证具有足够的绝缘强度，电缆线路的运行温度不得超过正常最高允许温度，电缆线路的拉伸值不得超过正常电缆的最大拉伸范围。

3.测量电缆线路绝缘电阻时，应将断路器、用电设备及其他连接电气、仪表断开后才能进行。

4. 10 kV电缆线路停电超过1个星期及以上的，应遥测其绝缘电阻，合格后才能重新投入运行。停电超过1个月以上的，必须作直流耐压试验，合格后才能投入运行。

5.对于使用年限较长的电力电缆，应在规范要求范围内对电缆绝缘层进行目测检查，检查电缆绝缘栅是否存在老化、破损的情况。

6.对于电力电缆使用的环境，应加强日常巡查，任何敷设方式的电缆线路都不得受到高温、外力作用和化学性腐蚀的影响。

7.电缆两端应符合规范要求，沿电缆井引入时，电缆应排列整齐有序，绑扎牢固，预留长度要满足使用要求，线缆进入口须用防鼠泥进行封堵。

8.直埋电缆两端铠装层接地处理得当，电缆标识埋设符合设计要求。

9. 0.4 kV低压配电线路上不得随意提高线路用电设备的容量，必要时应查阅相关技术资料，在符合线路技术参数的条件下才能进行。

（二）检查与维护

1.电力电缆线路的巡视检查分为日常检查、定期检查和特殊检查

（1）日常检查

24小时值班的配电室应每班检查一次，无人值守的配电室应每周检查一次。

（2）定期检查

对各种不同方式敷设的电缆线路所处的运行环境、地表情况、敷设状况等进行定期检查，每月至少一次。

（3）特殊检查

遇有异常气候或外力侵害等特殊情况，应按照实际情况做特殊检查。

2.对于电力电缆在发生故障或新更换时应按照相关规范要求对其进行参数检测

（1）测量电缆线芯对地或对金属屏蔽层间和各线芯之间的绝缘电阻。

（2）直流耐压试验及测量泄漏电流。

（3）对于塑料绝缘电缆直流耐压试验电压标准应符合规定。

（4）对于橡胶绝缘电缆直流耐压试验电压标准应符合规定。

（5）电力电缆泄漏电流的控制标准应遵循绝缘电缆泄漏电流的三相不平衡系数小于2，10 kV及以下的电缆泄漏电流应小于20 μA，6 kV及以下的

电缆泄漏电流应小于10 μA。

（6）10 kV及以下电力电缆的绝缘电阻测试，一般以直流耐压试验合格为准，低压电气线路的绝缘电阻一般不得低于0.5 MΩ。

（7）在电力电缆维护工作中，应密切注意电缆的运行温度，若温度超出规范要求值，应立即停止使用或改善运行温度。

电缆线路应合理装设短路保护、过负载保护和接地保护，在维护过程中，要定期对保护装置进行检测，确保其功能性完好。

四、城市桥梁照明系统

（一）一般规定

1.用于道路照明、景观照明的白炽灯、荧光灯、高压汞灯、高压钠灯、金属卤化灯、投光灯等灯具都必须安全可靠、完整无损，灯具与附件的安装必须正确、牢固。

2.灯臂、灯盘、灯杆内穿线不得有接头，穿线孔口或管口应光滑无毛刺，并采用长度不小于绝缘臂套或包带包扎。

3.每盏灯的相线应装熔断器，熔丝选用应符合要求。

4.经常性地对功能照明、景观照明设施的亮灯情况进行检查，亮灯率应满足国家及地方相关规范要求，对于达不到亮灯率的照明设施进行定期维修和抢修。

5.检查灯杆、机箱及灯具安装位置和方位是否正确、基座是否牢固、灯具安装是否端正。

6.检查灯杆、配电箱等部件表面有无划伤、刻痕、剥落、锈蚀。

7.日常检查基础混凝土表面平整、无损边，连接地脚及螺栓规格符合设计要求，无松动，外观无锈蚀。

8.检查高杆灯防雷接地焊接牢固，并做防腐处理；防雷引下线及接地体用材料规格、防腐与连接措施、安装位置符合设计要求；金属机箱与安全保护地连接可靠，接地极引出线裸露金属无锈蚀；升降系统是否操作顺畅。

9.高压汞灯、钠灯、金属卤化灯等气体放电灯的灯泡、镇流器、触发器等应配套使用，严禁混用。

10.各类灯具的外壳均应接地可靠，接地方式应与供电系统的接地方式相一致。

11.照明控制柜（箱）的要求

（1）控制柜（箱）的固定及接地应可靠，外壳应保持清洁完好、无锈蚀，户外使用的应做好防雨水渗漏、防湿气、防小动物等措施，IP防护等级不低于54。

（2）控制柜（箱）内所装电气元件及面板仪器指示灯、按钮开关应保持齐全完好，各元器件安装应正确、牢固。

（3）二次回路接线应保持准确、连接可靠、标志齐全清晰、绝缘合格。

（4）光控开关、定时钟开关及远程控制等装置应保持运行正常、可靠。

（5）电气线路保护装置（如短路保护、过载保护等）应保持完好可靠。

（二）检查与维护

1.城市桥梁照明系统的检查

主要分为日常巡查、周期巡查、特殊巡查三种。

（1）日常巡查

城市桥梁照明设施应每日巡查一次，检查亮灯率，做好巡查记录。

（2）周期巡查

控制箱、柜每周应检查一次，做好巡查记录，并定期进行照度、均匀度测试。

（3）特殊巡查

在恶劣气候环境、景观灯光开灯期间，应每日安排巡查值班人员，检查亮灯率并做好巡查记录。

2.城市桥梁照明系统常见故障及维修

城市桥梁照明系统的故障类型主要为灯具故障、线路故障两种，管养工作的重点是在日常检查及维护，其常见故障如下：

（1）线路故障

①外力破坏

常见原因是道路施工和其他管线施工的不规范性和随意性，经常发生将路灯电缆挖断、损坏的情况，而且，大多施工单位在挖出路灯电缆后，不通知路灯管理部门，私自重新填埋，而由此造成的电缆损伤，经过一段时间运行后便会造成此处电缆的彻底损毁。

②人为破坏

常见原因是人为偷盗电缆，使其断路。

③断路

常见原因为长时间大电流烧断、外力挖断所致。

处理措施：线路发生断路故障后，如分路低压断路器未断开或保险熔丝未断，而电源侧火线没有电，则应采取逐级逐段检查的方法，缩小故障点范围，找到故障点后，进行处理。断路故障的原因主要是导线折断、线头松脱、开关损坏、熔丝熔断、铝导线接头受严重腐蚀等。

④短路

主要是瞬间大电流烧结所致，不能正常送电。

处理措施：线路发生短路故障后，应迅速断开总开关，采取逐段检查的方法，找出故障点并及时处理。短路故障的原因大致有接线错误，插头接线不牢固，电气用具绝缘损坏，潮湿严重造成开关、灯头进水，导线绝缘损伤等。

⑤绝缘不良

主要是系电缆外皮破损或绝缘老化而致。此类故障能短时送电，但线路中电流异常，经过一段时间，断路器保护动作，我们称为"软故障"，是我们测试的难点。

处理措施：对漏电的故障，可用兆欧表和电流表测量判定漏电情况，并按以下步骤进行：

A.判断是否确实发生了漏电；

B.判断漏电的性质；

C.确定漏电范围；

D.找出漏电点，及时妥善处理。

（2）灯具

①跳闸，灯不亮

常见原因为：灯具进水导致短路、进线电缆破损导致短路、空气开关本身故障。

处理措施：

A.检查灯具内是否存在进水短路情况；

B.检查进线电缆是否破损短路；

C.检查空气开关是否老化或连线松动。

②有电压，灯不亮

常见原因为光源损坏或松脱。

处理措施：

A.检查光源；

B.检查灯具内元件（电容、触发器、整流器、控制元件等）及相应连线。

③光源光衰较严重

常见原因为光源亮灯时间达到其使用寿命时间或灯罩附着灰尘等颗粒物。

处理措施：

A.使用专业设备对照度进行测量，测量后按照实际情况进行更换；

B.对灯具进行清洗，以恢复灯罩的穿透性。

五、通信电源及应急电源设备

（一）一般规定

1.技术人员应定期对设备的电气技术参数进行检测，做好详细的记录，并及时进行检修和调整。

2.在日常检查中，若发现警报，应立即关机检查，排除故障后，才能再次开机，以免扩大故障范围。

3.维护人员应每天记录应急电源的运行情况，电压、电流值等参数，发现问题及时处理，主要内容为：

（1）检查各信号灯工作是否正常；

（2）保持蓄电池外部清洁，对具有导电性的污垢或灰尘进行清扫；

（3）蓄电池组运行状态检查。

4.应检查外场设备电源箱工作是否可靠，箱体应牢固、完好、密封、无污垢，能防尘、防水。元器件的紧固件无松动现场，箱体的镀层或油漆层无锈蚀或油漆层剥落现象。

5.设备电源箱的电气性能应检查良好，保护接地电阻应不大于10 Ω。

6.日常维护中，对于UPS电源及蓄电池技术指标和性能应符合设计要求；冷却系统、信号保护系统和照明等应能正常工作。

7.检查蓄电池组的连接点，接触是否严密，有无氧化情况，如有应立即处理。

8.应对交流稳压电源的输入、输出电压进行密切监控，输入电压变化范围应能满足使用要求（无明确规定的，按220/380 V ± 20%计），输出电压精度为不大于220/380 V ± 5%，对地绝缘电阻不小于30 MΩ。

9.注意设备的整洁，定期打扫、除尘，防止因灰尘过多而在阴雨潮湿天气时产生漏电现象。在打扫卫生时，要防止金属杂物落入设备内造成短路。

（二）检查与维护

1.每月测量一次蓄电池组的电压及单体电池的电压，若发现电池的电压偏低或不均匀，及时处理。

2.模拟市电失电试验，按照规范要求让蓄电池向直流母线放电，动作正常后，立即送交流电源，蓄电池应能自动切断放电回路，该试验的操作时间不超过30分钟，模拟失电试验具体时间最好安排在使用需求不大的时间段，且每月一次。

3.每年对蓄电池核对容量1次，对蓄电池组进行1次活化，使电池容量均匀，每年对电源切换装置进行校验，确保切换动作无误。

4.应定期对应急电源控制系统进行检查，主要内容为：

（1）检查控制的显示模块显示与运行情况是否一致，显示无黑屏及乱码，如遇此现象尽快更换显示模块。

（2）检查显示控制屏是否有异常声响，如有报警及其他异常现象应及时处理。

（3）检查显示控制屏操作按钮，确认各按钮功能正常，切换检查有关功能参数，如遇异常及时上报处理。

（4）检查应急电源导线及电池组是否老化，老化的应及时更换相同载流面积的导线。

（5）对于长时间不用的应急电源要定时进行人为的强制工作，这样可以活化电池，还可以检验应急电源是否处于正常状态。

（6）对于电池组的工作全部是在浮充状态的，要定期充电放电，间隔2~3个月放电一次为宜，至少应每年进行一次放电；放电前应先对电池组进行均衡充电，以达全组电池的均衡（注：确保所配接的负载容量不超过应急电源电池组容量的2/3）。

结束语

    随着我国经济社会的高速发展，作为基础设施建设的交通建设对我国经济社会发展具有重要的意义和影响，在我国的城市规划建设中也起着重要的作用。目前，交通工程建设正在逐步走向现代化和自动化。根据路桥养护工作中存在的问题做出及时有效的处理，避免发生不必要的损失。加强对养护工作的重视也是为了更好地保证人们的利益与安全。对于路桥的养护工作与养护技术提升应该放在同等重要的位置，要充分重视对路桥的养护工作与养护技术的提升，实现公路养护与养护技术都能得到跨越式发展。解决切实存在的问题，才能不断完善公路养护管理制度，制定出符合市场经济发展规律的公路养护市场。严格按照相关规程执行养护工作，保证我国路桥事业健康、稳定地发展。

参考文献

[1] 赵一新. 2022中国城市轨道交通工程建设发展报告[M]. 北京：中国建筑工业出版社，2022.

[2] 李双祥. 高速公路交通工程建设和养护管理研究[M]. 延吉：延边大学出版社，2022.

[3] 弭彬，王建涛. 轨道交通工程建设安全管理：泉域环境下工程风险控制[M]. 北京：清华大学出版社，2022.

[4] 杨凌云，车俊霖，许俊. 交通工程与信息化建设[M]. 长春：吉林科学技术出版社，2022.

[5] 于潇，刘池，王立方. 城市轨道交通沿线配套工程建设与管理[M]. 北京：中国建筑工业出版社，2022.

[6] 陈宝春. 桥梁工程第4版[M]. 北京：人民交通出版社，2022.

[7] 富海鹰，杨成，夏嵩，等. 跬步集：西南交通大学土木工程学院课程思政建设[M]. 成都：西南交通大学出版社，2021.

[8] 孙玉辉，陈昌彦，白朝旭，等. 城市轨道交通工程建设安全风险监控与识别技术[M]. 北京：中国建筑工业出版社，2021.

[9] 赵一新. 2021中国城市轨道交通工程建设发展报告[M]. 北京：中国建筑工业出版社，2021.

[10] 浙江杭海域际铁路有限公司. 轨道交通工程建设BIM应用研究与实践[M]. 北京：中国铁道出版社，2021.

[11] 刘靖. 轨道交通工程数字化建设管理[M]. 北京：中国建筑工业出版社，2021.

[12] 韩佳彤. 城市轨道交通建设工程环境风险管理指南[M]. 北京：北京理工大学出版社，2020.

[13] 丁树奎，刘天正，吴精义，等. 北京市轨道交通建设工程安全生产

标准化图册[M].北京：中国铁道出版社，2020.

[14] 韩佳彤. 城市轨道交通建设工程勘察导则[M]. 北京：北京理工大学出版社，2020.

[15] 刘斌，苏宝良，李传琳. 道路桥梁工程建设与维修养护[M]. 汕头：汕头大学出版社，2022.

[16] 李书芳，李红立. 市政道路养护与管理[M]. 重庆：重庆大学出版社，2022.

[17] 杨光耀，杨新，郑胜利. 公路桥梁施工与维修养护研究[M]. 长春：吉林科学技术出版社，2022.

[18] 周爱成，马运朝. 公路养护与管理[M]. 重庆：重庆大学出版社，2022.

[19] 倪晓燕，王耀文，胡紫日. 智能+路桥工程混凝土调整实用技术[M]. 北京：中国建材工业出版社，2022.

[20] 王晶，姜琴，李双祥. 路桥工程建设与公路施工管理[M]. 汕头：汕头大学出版社，2022.

[21] 张湘湖，金玉秀. 道路桥梁建设与隧道工程[M]. 长春：吉林科学技术出版社，2022.

[22] 侯孝斌，毛立军，杜菊平. 公路桥梁养护维修技术[M]. 长春：吉林科学技术出版社，2022.

[23] 黄延，夏俊吾，刘海涛. 道路桥梁工程与维修养护[M]. 汕头：汕头大学出版社，2021.

[24] 杭争强，张运山，刘小飞. 道路桥梁工程施工与养护维修技术[M]. 武汉：华中科技大学出版社，2021.

[25] 贾军政. 路基路面养护技术[M]. 北京：北京理工大学出版社，2021.

[26] 杨寿君，刘建强，张建新. 城市道路桥梁建设与工程项目管理[M]. 长春：吉林科学技术出版社，2021.

[27] 张小成，黄文理，黄洪发. 道路桥梁与城市交通建设研究[M]. 长春：吉林科学技术出版社，2021.

[28] 吴留星. 公路桥梁与维修养护[M]. 北京：中国纺织出版社，2020.

[29] 潘中望，牛利珍. 市政道路工程施工与养护[M]. 上海：上海交通大学出版社，2020.

[30] 马运朝. 道路桥梁养护决策与管理体系研究[M]. 哈尔滨：黑龙江人民出版社，2019.